# 导 读

## 马 兵

"我一生为你的苦心,你近年来都体会到了,可是我未老先衰,常有为日无多之感,总想尽我仅有的力量,在我眼光所能看到的范围以内帮助你,指导你,特别是早早指出你身心与艺术方面可能发生的危机,使你能预先避免。'语重心长'这四个字形容我对你的态度是再贴切没有了。只要你真正爱你的爸爸,爱你自己,爱你的艺术,一定会郑重考虑我的劝告,接受我数十年如一日的这般赤诚的心意。"自1954年1月18日,傅聪赴京准备去波兰参加第五届肖邦国际钢琴比赛并在波兰留学起,一直到1966年9月傅雷夫妇在"文革"中罹难,傅雷无数次在一封封长信中这样倾述着对儿子殷殷的爱意和殷切的瞩望,诚如楼适夷先生所言,《傅雷家书》不是一部普通家书,而是"一部最好的艺术学徒修养读物,这也是一部充满着父爱的苦心孤诣,呕心沥血的教子篇"。

傅雷(1908—1966),字怒安,号怒庵,中国现代最杰出翻译家之一,一生翻译了包括梅里美、巴尔扎克、罗曼·罗兰、伏尔泰、丹纳等名家的大量法语作品,翻译态度严谨,语言文雅晓畅。傅雷在美术、音乐等方面亦有相当造诣,是十分出色的艺术鉴赏家。1928年,20岁的傅雷入法国巴黎大学留学,同时到"卢佛美术史学校听课"。旅法期间,他拜访过著名画家马蒂斯和阿尔培·斐那,专研过赛尚、罗丹、米开朗琪罗的绘画作品，后来在罗曼·罗兰的影响下，又对西方音乐产生了浓厚的兴趣，他深入研究肖邦、莫扎特、贝多芬等大师作品的奥妙，浸淫于欧洲古典主义以来辉煌的艺术创作与批评，这让傅雷获得了宽宏广阔的视野，也为他的翻译事业及对后辈的审美教育打下了坚实基础。

傅聪是傅雷的长子，自幼学习钢琴。傅雷对他寄予厚望，由于教子极严，在学琴的过程中，父子产生过激烈的冲突，傅聪甚至一度离家出走。不过关系和解后，傅聪在父亲的引导下，迅速取得骄人成绩。1955年，傅聪获第五届肖邦国际钢琴大赛第三名以及"玛祖卡"最佳演奏奖，这是东方人首次在该项赛事中获奖；1956年，傅聪开始在欧洲巡演，获得"钢琴诗人"的美誉；1961年，首次在美国举行音乐会；1963年，获第六届格莱美奖提名。这些成就的取得，离不开傅雷的家书中字字珠玑的叮咛和鞭策、鼓励和安慰。

鲁迅曾在《我们现在怎样做父亲》一文中提出了父子平等和以幼者为本位的父爱原则，而《傅雷家书》无疑是对这一原则最好的诠释。傅雷始终像一位知己那样与儿子交流，对早年自己过于严苛的忏悔，因为孩子的进步而发自内心的欣悦，因为担心孩子过度练琴而伤了身体的忧虑，还有那些从浩如烟海的典籍中为孩子查找译介的资料，还有那些因为孩子与老师之间的误会而对他的有理有据的提醒，无疑在傅雷和傅聪之间"建立了牢固的纽带"。

傅雷秉持"完人"教育的观念，他告诉傅聪要"先为人，次为艺术家，再为音乐家，终为钢琴家"，又说："我始终认为弄学问也好，弄艺术也好，顶要紧的是人，要把一个'人'尽量发展，没成为某某家某某家以前，先要学做人，否则那种某某家无论如何高明也不会对人类有多大的贡献。"他叮嘱傅聪要饮水思源："幸运的孩子，你在中国可说是史无前例的天之骄子。一个人的机会，享受，是以千千万万人的代价换来的，那是多么宝贵。你得抓住时间，提

傅雷 ⊙ 著

# 傅雷家书

山东文艺出版社

图书在版编目（CIP）数据

傅雷家书/傅雷著. -- 济南：山东文艺出版社，2023.5
ISBN 978-7-5329-6865-7

Ⅰ.①傅… Ⅱ.①傅… Ⅲ.①傅雷（1908-1966）—书信集 Ⅳ.①K825.6

中国国家版本馆CIP数据核字(2023)第052919号

**傅雷家书**
FULEI JIASHU
傅 雷 著

| | |
|---|---|
| 主管单位 | 山东出版传媒股份有限公司 |
| 出版发行 | 山东文艺出版社 |
| 社　　址 | 山东省济南市英雄山路189号 |
| 邮　　编 | 250002 |
| 网　　址 | www.sdwypress.com |
| 读者服务 | 0531-82098776（总编室） |
| | 0531-82098775（市场营销部） |
| 电子邮箱 | sdwy@sdpress.com.cn |
| 印　　刷 | 山东新华印务有限公司 |
| 开　　本 | 890毫米×1240毫米　1/32 |
| 印　　张 | 7.75 |
| 字　　数 | 248千 |
| 版　　次 | 2023年5月第1版 |
| 印　　次 | 2023年5月第1次印刷 |
| 书　　号 | ISBN 978-7-5329-6865-7 |
| 定　　价 | 32.00元 |

版权专有，侵权必究。如有图书质量问题，请与出版社联系调换。

高警惕，非苦修苦练，不足以报效国家，对得住同胞。看重自己就是看重国家。""你的将来对中国音乐的前途有那么重大的关系，你每走一步，无形中都对整个民族艺术的发展有影响，所以你更应当战战兢兢，郑重其事！随时随地要准备牺牲目前的感情，为了更大的感情——对艺术对祖国的感情。"他时时激励傅聪的爱国情怀，傅聪在波兰就读的音乐学院院长夸赞他的演奏如江河流水，傅雷激动地回应道："河，莱茵，江声浩荡……钟声复起，天已黎明……中国正到了'复旦'的黎明时期，但愿你做中国的——新中国的——钟声，响遍世界，响遍每个人的心！滔滔不竭的流水，流到每个人的心坎里去，把大家都带着，跟你一块到无边无岸的音响的海洋中去吧！名闻世界的扬子江与黄河，比莱茵的气势还要大呢！……黄河之水天上来，奔流到海不复回！……无边落木萧萧下，不尽长江滚滚来！……有这种诗人灵魂的传统的民族，应该有气吞牛斗的表现才对。"这其中赤诚自豪的爱国之心是历历可见的！

在道与技的关系上，傅雷以其深厚的学识修养和精湛的艺术领悟给了傅聪诸多有益的教诲。他希望傅聪要谨记艺术的宗旨，而不能做技术的匠人，他说："现在我深信这是一个魔障，凡是一天到晚闹技巧的，就是艺术工匠而不是艺术家。一个人跳不出这一关，一辈子也休想梦见艺术。艺术是目的，技巧是手段，老是只注意手段的人，必然会忘了他的目的。"他提醒傅聪艺术家要保持心理的平衡，这种平衡体现在两方面：一是艺术家要"能入能出"，既不要割断与大千世界的联系，"罔顾生活中正当健康的乐趣"——"与世隔绝的任何一种艺术家都不会有生命，不能引起群众的共鸣"，又要避免被生活拘泥，甚至陷入当局者迷的窘境，故应"经常与社会接触而仍然能保持头脑冷静，心情和平，同时能保持对艺术的新鲜感与专一的注意"。二是艺术家要善于调节艺术情感和理性逻辑的关系。在傅雷看来，艺术家生性敏感，情感丰沛是自然的，也因此更需要理性的引导和疏浚，所以"除了直觉以外，仍需要理论方面的，逻辑方面的，史的发展方面的知识来充实"，只有这样，方能"感情净化，人格升华，从起伏激越进到凝神沉思"，实现真正的艺术创造。

傅雷本人学贯中西，在艺术领域涉猎甚广且获益良多，所以他也教导鼓励傅聪打开眼界，在钢琴和音乐之外其他的艺术门类中、在大自然中广泛汲取，触类旁通，深化和提升个人的艺术感受力。在1961年9月的一封信中，他说："多和大自然和造型艺术接触，无形中能使人恬静旷达，古人所云'荡涤胸中尘俗'，大概即是此意，维持精神和心理健康。在众生万物面前不自居为'万物之灵'，方能驱除我们的狂妄，打破纸醉金迷的俗梦，养成淡泊洒脱的胸怀，同时扩大我们同情心。"不到一个月，他又写信嘱咐道："我始终觉得你犯一个毛病，太偏重以音乐本身去领会音乐……与音乐以外的别的艺术，尤其大自然，实际上接触太少。整天看谱、练琴、听唱片……久而久之会减少艺术的新鲜气息，趋于抽象，闭塞，缺乏生命的活跃与搏击飞纵的气势……过去的大师就是从大自然，从人生各方面的材料中'泡'出来的……只有不断与森林，小溪，花木，鸟兽，虫鱼和美术馆中的杰作亲炙的人，才会永远保持童心纯洁与美好的理想。"十二年半中，傅雷先后给傅聪寄过二十多种中国古典文学和美术方面的作品，如《世说新语》《古诗源选》《唐五代宋词选 》《十八家词抄》《宋词选》《敦煌壁画选》《麦积山石刻》《武梁祠拓片》《黄宾虹笔墨山水册页》等等。至于书信中谈论中国古典文学、美术和西方文学史、艺术史的内容更是俯拾即是，且这些见解多以美文写出，阅读它们本身即是极好的审美教育。

家书中还有一部分内容是对儿子为人处世以及人生观、爱情观的谆谆教导，大到对真理标准的认识，小到对一个汉字规范写法的订正、每日要吃维生素的提醒等等，拳拳父爱，力透纸背。

"伟大的心魂有如崇山峻岭，风雨吹荡它，云翳包围它，但人们在那里呼吸时，比别处更自由更有力。……我不说普通的人类都能在高峰上生存。但一年一度他们应上去顶礼。在那里，他们可以变换一下肺中的呼吸，与脉管中的血流。"这是傅雷翻译的罗曼·罗兰的《米开朗琪罗传》中的名言，阅读《傅雷家书》，也会给我们这样的力量。

## 目 录

一九五四年 ················ 1
一九五五年 ················ 48
一九五六年 ················ 94
一九五七年 ················ 106
一九五八年 ················ 112
一九五九年 ················ 116
一九六〇年 ················ 120
一九六一年 ················ 139
一九六二年 ················ 194
一九六三年 ················ 204
一九六四年 ················ 210
一九六五年 ················ 216
一九六六年 ················ 230

阅读拓展 ················ 235

# 一九五四年

## 一月十八日晚／十九日晚

聪:

车一开动,大家都变了泪人儿,呆呆的直立在月台上,等到冗长的列车全部出了站方始回身。①出站时沈伯伯②再三劝慰我。但回家的三轮车上,个个人都止不住流泪。敏一直抽抽噎噎。昨天一夜我们都没睡好,时时刻刻惊醒。今天睡午觉,刚刚矇眬阖眼,又是心惊肉跳的醒了。昨夜月台上的滋味,多少年来没尝到了,胸口抽痛,胃里难过,只有从前失恋的时候有过这经验。今儿一天好像大病之后,一点劲都没有。妈妈随时随地都想哭——眼睛已经肿得不像样了,干得发痛了,还是忍不住要哭。只说了句"一天到晚堆着笑脸",她又呜咽不成声了。真的,孩子,你这一次真是"一天到晚堆着笑脸",教人怎么舍得!老想到五三年正月的事,③我良心上的责

---

① 傅聪应波兰政府邀请,参加第五届萧邦国际钢琴比赛并留学波兰。一九五四年一月十七日全家到上海火车站送傅聪去北京准备出国。
② 沈知白,时任上海音乐学院作曲系主任。傅雷挚友,傅聪青少年时期的乐理老师,"文革"中迫害致死。
③ 一九五三年正月,就贝多芬小提琴奏鸣曲哪一首最重要的问题,傅聪与父亲争论激烈。傅聪根据自己的音乐感受,不同意父亲认为第九首《"克勒策"奏鸣曲》最为重要的观点,认为《第十小提琴奏鸣曲》最重要。双方争执不下。父亲认为傅聪太狂妄,"才看过多少书!"而当时国外音乐界一般都认同第九首最为重要。所以父亲坚持己见,导致双方严重冲突。在父亲勃然大怒的情况下,倔强的傅聪毅然离家出走,住在父亲好友毛楚恩家一月余。后因傅雷姑夫去世,父亲觉得人生在世其短促,父子何必如此认真,感慨万千,遂让傅敏陪同母亲接傅聪回家,双方才和解。

备简直消释不了。孩子，我虐待了你，我永远对不起你，我永远补赎不了这种罪过！这些念头整整一天没离开过我的头脑，只是不敢向妈妈说。人生做错了一件事，良心就永久不得安宁！真的，巴尔扎克说得好：有些罪过只能补赎，不能洗刷！

十八日晚

　　昨夜一上床，又把你的童年温了一遍。可怜的孩子，怎么你的童年会跟我的那么相似呢？我也知道你从小受的挫折对于你今日的成就并非没有帮助；但我做爸爸的总是犯了很多很重大的错误。自问一生对朋友对社会没有做什么对不起的事，就是在家里，对你和你妈妈作了不少有亏良心的事①，这些都是近一年中常常想到的，不过这几天特别在脑海中盘旋不去，像噩梦一般。可怜过了四十五岁，父性才真正觉醒！

　　今儿一天精神仍未恢复。人生的关是过不完的，等到过得差不多的时候，又要离开世界了。分析这两天来精神的波动，大半是因为：我从来没爱你像现在这样爱得深切，而正在这爱的最深切的关头，偏偏来了离别！这一关对我，对你妈妈都是从未有过的考验。别忘了妈妈之于你不仅仅是一般的母爱，而尤其因为她为了你花的心血最多，为你受的委屈——当然是我的过失——最多而且最深最痛苦。园丁以血泪灌溉出来的花果迟早得送到人间去让别人享受，可是在离别的关头怎么免得了割舍不得的情绪呢？

　　跟着你痛苦的童年一起过去的，是我不懂做爸爸的艺术的壮年。幸亏你得天独厚，任凭如何打击都摧毁不了你，因而减少了我一部分罪过。可是结果是一回事，当年的事实又是一回事：尽管

---

① 父亲教子极严，有时几乎不近人情，母亲也因此往往在精神上受折磨。

我埋葬了自己的过去，却始终埋葬不了自己的错误。孩子，孩子，孩子，我要怎样的拥抱你才能表示我的悔恨与热爱呢！

爸爸　十九日晚

## 二月二日大除夕

亲爱的孩子：

等了多久，终于等着了你的信。你忙，我们自然想象得到，也自然原谅你写信写得迟。只担心一件事，怕你吃东西不正常不努力，营养不够。希望你为了我们，"努力加餐饭！"我指的特别是肉类，不一定要多吃米饭。

刚才打电话去问中国旅行社，说琴已经装出，在路上了。你可请张宁和代向北京中国旅行社嘱咐一番，琴到时搬运要特别小心。北京坏了琴，没人修；这是一件大事，不用怕麻烦人家，张宁和人如此热情，一定愿意为你照顾这些的。运到团里时，外面包的篾，千万不要自己拆，很容易刺坏手，而你的手，不用说该特别保护！粗绳子也容易伤手。你一定要托工友们代办。以上两点，务望照办为要！

勃隆斯丹夫人①有信来，附给你。看过了，仍望寄回。昨晚七时一刻至八时五十分电台广播你在市三弹的四曲 Chopin［萧邦］，外加 encore［加奏］的一支 *Polonaise*［《波洛奈兹》］，效果甚好，就是低音部分模糊得很；琴声太扬，像我第一天晚上到小礼堂空屋子里去听的情形。以演奏而论，我觉得大体很好，一气呵成，精神饱满，细腻的地方非常细腻，tone colour［音色］变化的确很多。我

---

① 上海音乐学院钢琴系前苏联籍教师，一九五一年傅聪自昆明返沪后，曾正式教过傅聪一年，一九五二年移居加拿大，从事演奏与教学。

们听了都很高兴,很感动。好孩子,我真该夸奖你几句才好。回想五一年四月刚从昆明回沪的时期,你真是从低洼中到了半山腰了。希望你从此注意整个的修养,将来一定能攀登峰顶。从你的录音中清清楚楚感觉到你一切都成熟多了,尤其是我盼望了多少年的——你的意志,终于抬头了。我真高兴,这一点我看得比什么都重。你能掌握整个的乐曲,就是对艺术加增深度,也就是你的艺术灵魂更坚强更广阔,也就是你整个的人格和心胸扩大了。孩子,我要重复Bronstein〔勃隆斯丹〕信中的一句话,就是我为了你而感到骄傲!

今天是除夕了,想到你在远方用功,努力,我心里说不尽的欢喜。别了,孩子,我在心里拥抱你!

爱你的爸爸　大除夕　二月二日

今晚还有你的 La fille aux cheveux de lin〔《金发女郎》〕播音,后天还有你二十五分钟的节目。

## 二月五日夜

这是写在一张明信片上的短简。

聪:

琴到时望注意两点:

(一)蒇包拆去后,琴顶上要把稻草细细取尽,否则揭开盖子,容易把屑末掉入,影响锤子及钢丝;

(二)粗麻绳贰根,是我们特意买来的,共值九万元,且不易购得,拆下后务必妥存,将来搬动时仍要用到。千万注意为幸!睡眠八小时,对你恐不足,最好争取洗脸时间,多睡半小时。

父示　二月五日夜

维他命B每顿三粒,维他命C每天二粒,勿忘为要。平日可多吃牛油。

## 二月十日

孩子：

七日两信同时收到。北京当地钢琴运费，过几日中旅会派人来收，届时必有图章（此章务必妥存！）及迁出证等交给你。（琴上用的粗麻索——非草绳——望妥存，前有明信片提及。）

屋内要些图片，只能拣几张印刷品。北京风沙大，没有玻璃框子，好一些的东西不能挂；黄宾虹的作品，小幅的也有，尽可给你；只是不装框不行。好在你此次留京时期并不太长，马虎一下再说。Chopin［萧邦］肖像是我二十三岁时在巴黎买的，又是浪漫派大画家Delacroix［德拉克鲁瓦］名作的照相；Mozart［莫扎特］那幅是Paci［百器］①的遗物，也是好镂版，都不忍让它们到北京光秃秃的吃灰土，故均不给你。

读俄文别太快，太快了记不牢，将来又要重头来过，犯不上。一开始必须从容不迫，位与格均须要记忆，像应付考试般临时强记是没用的。现在读俄文只好求一个大概，勿野心太大；主要仍须加功夫在乐理方面，外文总是到国外去念进步更快。目前贪多务得，实际也不会如何得益，切记切记！望主动向老师说明，至少过二三月方可加快速度。Scriabine［斯克里亚宾］的全集待装订后寄你，Cortot［柯尔托］的 *Piano Technic* ［《钢琴技巧》］亦然。我当尽力催他们快快装好。

上海这两天忽然奇暖，东南风加沙土，很像昆明的春天。阿敏和恩德一起跟我念诗，敏说你常常背"朝回日日典春衣，每日江头尽醉归"二句，现在他也背得了。我正在预备一样小小的礼物，将

---

① 梅百器（Mario Paci），意大利钢琴家、指挥家，李斯特的再传弟子。前上海交响乐队创办人兼指挥。傅聪九岁半起，在他门下学琴三年。

来给你带出国的，预料你一定很喜欢。再过一星期是你妈妈的生日，再过一个月是你生日，想到此不由得悲喜交集。

Hindemith［欣德米特］的乐理明日即寄出，窗帘、桌布、琴盖布，都将由妈妈准备齐全，日内即寄。韦贤彰见面时代我道贺。我们一定设法不要你上邮局拿就是。

张宁和处代我致意。匆匆即问近好！

爸爸　二月十日

## 三月十九日

亲爱的孩子：

上回刚想写信给你，不料病倒了。病好了不及两天，又发烧，前后八九天，至今还没恢复。今天初到阳台上一望，柳枝上一星星的已经有了绿意，想起"蕉草如碧丝，秦桑低绿枝"两句，不知北地春光是否已有消息？

我病的时候，恩德差不多每天来陪我。初期是热度高，昏沉的厉害；后来是眼睛昏花（到现在还没好），看校样每二三行就像一片云雾在眼前飘过，书也不能看，只能躺躺坐坐，整日呆着；幸亏恩德来给我说说笑笑，还拿我打趣，逗我上当，解了不少寂寞。今晨她又在医院里开刀了，刚才牛伯母有电话来，说手术时间直花了一小时半。但愿这一次开得成功才好。

你近来忙得如何？乐理开始没有？希望你把练琴时间抽一部分出来研究理论。琴的问题一时急不来，而且技巧根本要改。乐理却是可以趁早赶一赶，无论如何要有个初步概念。否则到国外去，加上文字的困难，念乐理比较更慢了。此点务要注意。

上次去天津是不是弹的Forster顶好的琴？来信未提。

巴尔扎克另一部小说《夏倍上校》，十天后可出版，届时当给你一本。《嘉尔曼》再版了，我带印有好纸的，你要送朋友吗？可来信把名字告知，我题了寄你。

　　你来信少没关系，只是挂念你你的身体。有空涂几行来。

　　迁出证、图章等有否向中旅社领回，迁出证有否交与团方？北京运琴费又付了多少？钱付了公债，够用否？妈妈新寄的一条窗帘已收到否？

　　才起来写字，不多谈了，祝好！

爸爸　三月十九日

## 三月二十四日上午

亲爱的孩子：

　　这一回你隔了差不多二十天才有信来，因为我一直闹病，很担心你也病了。我从三月十二日起好好歹歹一连发烧发了三四次，而且每次热度都很高。上回热度退后有过一封信给你。不料二十二日下午又来了高热度，林伯伯听了肺，说是气管炎。幸而隔了一天半就退净，只是身体屡经打击，一时恢复不过来。

　　在公共团体中，赶任务而妨碍正常学习是免不了的，这一点我早料到。一切只有你自己用坚定的意志和立场，向领导婉转而有力的去争取。否则出国的准备又能做到多少呢？特别是乐理方面，我一直放心不下。从今以后，处处都要靠你个人的毅力、信念与意志——实践的意志。我不再和你说教条式的话，去年那三封长信把我所想的话都说尽了；你也已经长大成人，用不着我一再叮嘱。但若你缺少勇气的时候，尽管来信告诉我，我可以替你打气。倘若你心绪不好，也老老实实和我谈谈，我可以安慰安慰你，代你解决一些或大或小的烦恼。关于××的事,你早已跟我表明态度,相信你一定会实际做到。你年事尚少,出国在即;眼光、嗜好、趣味,都还要经过许多变化;即使一切条件都极美满,也不能担保你最近三四年中,双方的观点不会改变,从而也没法保证双方的感情不变。最好能让时间来考验。我二十岁出国,出国前后和你妈妈已经订婚,但出国四年中间,对她的看法三番四次的改变,动摇得很厉害。这个实在的例子很可以作你的参考,使你做事可以比我谨慎,少些痛苦——尤其为了你的学习,你的艺术前途!

另外一点我可以告诉你:就是我一生任何时期,闹恋爱最热烈的时候,也没有忘却对学问的忠诚。学问第一,艺术第一,真理第一,爱情第二,这是我至此为止没有变过的原则。你的情形与我不同:少年得志,更要想到"盛名之下,其实难副",更要战战兢兢,不负国人对你的期望。你对政府的感激,只有用行动来表现才算是真正的感激!我想你心目中的上帝一定也是 Bach〔巴赫〕、Beethoven〔贝多芬〕、Chopin〔萧邦〕等等第一,爱人第二。既然如此,你目前所能支配的精力与时间,只能贡献给你第一个偶像,还轮不到第二个神明。你说是不是?可惜你没有早学好写作的技术,否则过剩的感情就可用写作(乐曲)来发泄,一个艺术家必须能把自己的感情"升华",才能于人有益。我绝不是看了来信,夸张你的苦闷,因而着急;但我知道你多少是有苦闷的,我随便和你谈谈,也许能帮助你廓清一些心情。

恩德此次开刀经过比去年痛苦得多。去年手术时间仅半小时,这回却花了一小时半;最初三天还有热度,一只眼还发炎,至今还住在医院里。

前信问你要不要再版的《嘉尔曼》送朋友,望来信告知。外边阳光甚好,完全是春天的气息了,可惜我还不能出门去散散步,迎接新到的春光。一切珍重，定下心神学习吧，我祝福你，亲爱的孩子，希望你比我少些烦恼，多些幸福，多有成就给人家幸福！

爸爸　三月二十四日　上午十一时

## 四月七日

聪儿：

记得我从十三岁到十五岁，念过三年法文；老师教的方法既有问题，我也念得很不用功，成绩很糟（十分之九已忘了）。从十六岁到二十岁在大同改念英文，也没念好，只是比法文成绩好一些。二十岁出国时，对法文的知识只会比你的现在的俄文程度差。到了法国，半年之间，请私人教师与房东太太双管齐下补习法文，教师管读本与文法，房东太太管会话与发音，整天的改正，不用上课方式，而是随时在谈话中纠正。半年以后，我在法国的知识分子家庭中过生活，已经一切无问题。十个月以后开始能听几门不太难的功课。可见国外学语文，以随时随地应用的关系，比国内的进度不啻一与五六倍之比。这一点你在莫斯科遇到李德伦时也听他谈过。我特意跟你提，为的是要你别把俄文学习弄成"突击式"。一个半月之间念完文法，这是强记，决不能消化，而且过了一晌大半会忘了的。我认为目前主要是抓住俄文的要点，学得慢一些，但所学的必须牢记，这样才能基础扎实。贪多务得是没用的，反而影响钢琴业务，甚至使你身心困顿，一空下来即昏昏欲睡。这问题希望你自己细细想一想，想通了，就得下决心更改方法，与俄文老师细细商量。一切学问没有速成的，尤其是语言。倘若你目前停止上新课，把已学的从头温一遍，我敢断言，你会发觉有许多已经完全忘了。

你出国去所遭遇的最大困难，大概和我二十六年前的情形差不多，就是对所在国的语言程度太浅。过去我再三再四强调你在京赶学理论，便是为了这个缘故。倘若你对理论有了一个基本概念，那么日后在国外念的时候，不至于语言的困难加上乐理的困难，使你对乐理格外觉得难学。换句话说：理论上先略有门径之后，在国外念起来可以比较方便些。可是你自始至终没有和我提过在京学习理论的情形，连是否已开始亦未提过。我只知道你初到时因罗君患病而搁置，以后如何，虽经我屡次在信中问你，你也没复过一个字。——现在我再和你说一遍：我的意思最好把俄文学习的时间分出一部分，移作学习乐理之用。

提早出国，我很赞成。你以前觉得俄文程度太差，应多多准备后再走。其实像你这样学俄文，即使用最大的努力，再学一年也未必能说准备充分——除非你在北京不与中国人来往，而整天生活在俄国人堆里。——但领导方面究竟如何决定，最好请周广仁或别的比较能参与机密的朋友时时探听，让我们早些知道，早些准备。

恩德那里无论如何忙也得写封信去。自己责备自己而没有行动表现，我是最不赞成的。这是做人的基本作风，不仅对某人某事而已，我以前常和你说的，只有事实才能证明你的心意，只有行动才能表明你的心迹。待朋友不能如此马虎。生性并非"薄情"的人，在行动上做得跟"薄情"一样，是最冤枉的，犯不着的。正如一个并不调皮的人要调皮而结果反吃亏，一个道理。

德伏夏克谱二册收到没有？尽管忙，写信时也得提一提"来信及谱二册均已收到"，不能光提"来信都收到"。

一切做人的道理，你心里无不明白，吃亏的是没有事实表现；希望你从今以后，一辈子记住这一点。大小事都要对人家有交代！

其次，你对时间的安排，学业的安排，轻重的看法，缓急的分别，还不能有清楚明确的认识与实践。这是我为你最操心的。因为你的生活将来要和我一样的忙，也许更忙。不能充分掌握时间与区别事情的缓急先后，你的一切都会打折扣。所以有关这些方面的问题，不但希望你多听听我的意见，更要自己多想想，想过以后立刻想办法实行，应改的应调整的都应当立刻改，立刻调整，不以任何理由耽搁。

这十多天气候老是阴晴天不定，雨特别多，真是"清明时节雨纷纷，路上行人欲断魂"的景象。我身体迄未复原，失去重心的现象和五二年夏天相仿。

匆匆即问　近好

爸爸　四月七日

## 四月二十一日

孩子：

接十七日信，很高兴你又过了一关。人生的苦难，theme［主题］不过是这几个，其余只是variations［变奏曲］而已。爱情的苦汁早尝，壮年中年时代可以比较冷静。古语说得好，塞翁失马，未始非福。你比一般青年经历人事都更早，所以成熟也早。这一回痛苦的经验，大概又使你灵智的长成进了一步。你对艺术的领会又可深入一步。我祝贺你有跟自己斗争的勇气。一个又一个的筋斗栽过去，只要爬得起来，一定会逐渐攀上高峰，超脱在小我之上。辛酸的眼泪是培养你心灵的酒浆。不经历尖锐的痛苦的人，不会有深厚博大的同情心，所以孩子，我很高兴你这种蜕变的过程，但愿你将来比我对人生有更深切的了解，对人类有更热烈的爱，对艺术有更诚挚的信心！孩子，我相信你一定不会辜负我的期望。

（……）

我对于你的学习（出国以前的），始终主张减少练琴时间，俄文也勿太紧张；倒是乐理要加紧准备。我预言你出国以后两年之内，一定要深感这方面的欠缺。故出去以前要尽量争取基本常识。

　　三四月在北京是最美的季节（除了秋天之外）；丁香想已开罢，接着是牡丹盛放。有空不妨上中山公园玩玩。中国的古代文物当然是迷人的，我也常常缅怀古都，不胜留恋呢。

　　最近正为林伯伯加工修改讨论歌唱的文字；精神仍未完全复原，自己的工作尚未正式开始。

　　恩德的眼睛略有进步，据林伯伯说要完全纠正斜视需一年之久。她生来多挫折，比不得你一帆风顺。你写给她的信，我看到了，写得很好。

　　阿敏今日起小考。他春假中上苏州去玩了三天，跟学校团体去的，把黄家姨夫的日本照相机给人偷了，少不得要我赔偿。后小偷抓获，相机也追回。

　　园子东南角上迭了些小假山，种了些松、柏、紫荆、紫藤、枫树等等。你回来恐怕要不认得了。

　　匆匆，祝好！

　　　　　　　　　　　　　　　爸爸　四月二十一日

妈妈常在牵挂你！

## 五月五日

聪：

　　又好久不给你写信了。你的自传交上去后，反应如何？乐理学得怎么样？精神如何？心绪又怎样？无一不在念中。有什么感触、不安，希望来信和我谈谈，也许我能替你解脱，至少也可以打打气。

看了《夏倍上校》没有？你喜欢哪一篇？对我的译文有意见吗？我自己愈来愈觉得肠子枯索已极，文句都有些公式化，色彩不够变化，用字也不够广。人民文学社要我译服尔德，看来看去，觉得风格难以传达，畏缩得很。

最近去杭州玩了五天，未去前自觉体力远不如前，去后登山脚力倒仍健旺。回家后园中鹃花盛放，蔷薇也已含苞欲吐。春天来了，想必你也更兴奋了。

有空来信！匆匆即问

近好

爸爸　五月五日

## 六月二十四日下午

亲爱的孩子：

终于你的信到了！联络局没早告诉你出国的时间，固然可惜，但你迟早要离开我们，大家感情上也迟早要受一番考验；送君十里终须一别，人生不是都要靠隐忍来撑过去吗？你初到的那天，我心里很想要你二十以后再走，但始终守法和未雨绸缪的脾气把我的念头压下去了，在此等待期间，你应当把所有留京的琴谱整理一个彻底，用英文写两份目录，一份寄家里来存查。这种工作也可以帮助你消磨时间，省却烦恼。孩子，你此去前程远大，这几天更应当仔仔细细把过去种种作一个总结，未来种种作一个安排；在心理上精神上多作准备，多多锻炼意志，预备忍受四五年中的寂寞和感情的波动。这才是你目前应做的事。孩子，别烦恼。我前信把心里的话和你说了，精神上如释重负。一个人发泄是要求心理健康，不是使自己越来越苦闷。多听听贝多芬的第五①,多念念克利斯朵夫里几段艰苦的事迹(第一册末了,第四册第九卷末了),可以增加你的勇气,使你更镇静。好孩子,安安静静的准备出国罢。一切零星小事都要想周到,别怕天热,贪懒,一切事情都要做得妥帖。行前必须把带去的衣服什物记在"小手册"上,把留京及寄沪的东西写一清账。想念我们的时候,看看照相簿。为什么写信如此简单呢?要是我,一定把到京时罗君来接及到团以后的情形描写一番,即使借此练练文字也是好的。

近来你很多地方像你妈妈,使我很高兴。但是办事认真一点,却望你像我。最要紧,不能怕烦!

爸爸 二十四日下午

## 七月四日晨

孩子:

这几日为了你的事心绪不定,夜里也睡不好。最担心的是临时坐飞机去,行李由火车运;运的时间,如去年寄回国的行李例子,又是很长,将来你在外定感许多不便。

六月二十一日信中说,过一二日即由联络局派人陪去量衣服。但二十三、二十九两信语气,似乎至今还没有量。公家办事真不知怎么搞的。

可是从二十一到二十九这七八天中间,你为什么不和李凌先生说说呢?至少也可以表示,早知如此,大可以在家多耽几天;他听了也许会代你去催问。

来信老是含糊得很,是不是我给Eva[埃娃]的信稿及"33转"

---

① 系指《第五"命运"交响曲》。

捷苏唱片目录都收到了？我又担心你因为联络局没消息，所以你把留在国内要寄回家的东西也不开始整理；还有那些乐谱，不是早告诉你要写一张细账寄沪吗？

孩子，希望你对实际事务多注意些，应办的即办，切勿懒洋洋的拖宕。夜里摆龙门阵的时间，可以打发不少事情呢。宁可先准备好了再玩。

也许这是你出国以前接到的最后一信了，也许连这封信也来不及收到，思之怆然。要嘱咐你的话是说不完的，只怕你听得起腻了。可是关于感情问题，我还是要郑重告诫：无论如何要克制，以前途为重，以健康为重。在外好好利用时间，不但要利用时间来工作，还要利用时间来休息、写信。别忘了杜甫那句诗："家书抵万金！"

孩子，别了，我们没一天不想念你，没一天不祝福你，在精神上拥抱你！

爸爸 七月四日晨

即使走的以前太匆忙，便是在路上也得把公家做的衣服件数告诉我们，切切

## 七月二十七日深夜／二十八日午夜

聪：

莫斯科的信昨天收到。我们寄波兰的航空信，不知一共要多少日子，下次来信望提一提。近来我忙得不可开交，又恢复了十小时以上的工作。这封信预算也要分几次写成。晚上睡觉不好，十二点多上床，总要一小时以后才入睡。原因是临睡前用脑过度，一时停不下来。

你车上的信写得很有趣，可见只要有实情、实事，不会写不好

信。你说到李、杜的分别,的确如此。写实正如其他的宗派一样,有长处也有短处。短处就是雕琢太甚,缺少天然和灵动的韵致。但杜也有极浑成的诗,例如"风急天高猿啸哀,渚清沙白鸟飞回。无边落木萧萧下,不尽长江滚滚来……"那首胸襟意境都与李白相仿佛。还有《梦李白》、《天末怀李白》几首,也是缠绵悱恻,至情至性,非常动人的。但比起苏、李的离别诗来,似乎还缺少一些浑厚古朴。这是时代使然,无法可想的。汉魏人的胸怀比较更近原始,味道浓,苍茫一片,千古之下,犹令人缅想不已。杜甫有许多田园诗,虽然受渊明影响,但比较之下,似乎也"隔"(王国维语)了一层。回过来说:写实可学,浪漫底克不可学;故杜可学,李不可学;国人谈诗的尊杜的多于尊李的,也是这个缘故。而且究竟像太白那样的天纵之才不多,共鸣的人也少。所谓曲高和寡也。同时,积雪的高峰也令人有"琼楼玉宇,高处不胜寒"之感,平常人也不敢随便瞻仰。

词人中苏、辛确是宋代两大家,也是我最喜欢的。苏的词颇有些咏田园的,那就比杜的田园诗洒脱自然了。此外,欧阳永叔的温厚蕴藉也极可喜,五代的冯延巳也极多佳句,但因人品关系,我不免对他有些成见。

到波兰后想必已见到 Eva〔埃娃〕,我们的信究竟收到没有?倘没有,我这次交给你的信稿有没有给她看过?下次信中望一一告我。

你现在住哪里?食宿是否受招待?零用钱是怎样的?将来倘住定一处,讲定多少钱一个月包定伙食,那么有一点需要注意(也是我从前的经验),就是事先可以协商,倘隔天通知下一天少吃一顿或两顿(早餐当然不算),房东可以不准备饭菜,因此可少算一顿或两顿饭钱。预料你将来不时有人请吃饭,请吃饭也得送些小礼,便是半打花也行,那就得花钱;把平时包饭地方少算的饭钱移作此用,恰好cover［弥补］。否则很容易闹亏空。尤其你现在的情形，无处在经济上讨救兵，故我特别要嘱咐你。

我第一信中所提的事。希望和我详细谈谈。在外倘有任何精神苦闷，也切勿隐瞒，别怕受埋怨。一个人有个大二十几岁的人代出主意，决不会坏事。你务必信任我，也不要怕我说话太严，我平时对老朋友讲话也无顾忌，那是你素知的。并且有些心理波动或是郁闷，写了出来等于有了发泄，自己可痛快些，或许还可免做许多傻事。孩子，我真恨不得天天在你旁边，做个监护的好天使，随时勉励你，安慰你，劝告你，帮你铺平将来的路，准备将来的学业和人格。

七月二十七日深夜

上星期我替恩德讲《长恨歌》与《琵琶行》，觉得大有妙处。白居易对音节与情绪的关系悟得很深。凡是转到伤感的地方，必定改用仄声韵。《琵琶行》中"大弦嘈嘈""小弦切切"一段，好比staccato［断音］，像琵琶的声音极切；而"此时无声胜有声"的几句，等于一个长的pause［休止］；"银瓶……水浆迸"两句，又是突然的attack［明确起音］，声势雄壮。至于《长恨歌》，那气息的超脱，写情的不落凡俗，处处不脱帝皇的nobleness［雍容气派］，更是千古奇笔。看的时候可以有几种不同的方法：一是分出段落看叙事的起伏转折；二是看情绪的忽悲忽喜，忽而沉潜，忽而飘逸；三是体会全诗音节与韵的变化。再从总的方面看，把悲剧送到仙界上去，更显得那段罗曼史的奇丽清新，而仍富于人间味（如太真对道士说的一番话）。还有白居易写动作的手腕也是了不起："侍儿扶起娇无力"，"君王掩面救不得"，"九华帐里梦魂惊"几段，都是何等生动！"九重城阙烟尘生，千乘万骑西南行"，写帝王逃难自有帝王气概。"翠华摇摇行复止",又是多鲜明的图画!最后还有一点妙处:全诗写得如此婉转细腻,却仍不失其雍容华贵,没有半点纤巧之病(细腻与纤巧大不同)!明明是悲剧,而写得不过分的哭哭啼啼,多么中庸有度,这是浪漫底克兼有古典美的绝妙典型。

时间已经很晚,为让你早收到起见,明天先寄此信。我们都引颈而望,只等着你详尽的报告!尤其关于学琴的问题,写得越多越好。

再见了,孩子,一切珍重!

爸爸 七月二十八日午夜

## 八月十一日午前

好孩子:

(……)

你的生活我想象得出,好比一九二九年我在瑞士。但你更幸运,有良师益友为伴,有你的音乐做你崇拜的对象。我二十一岁在瑞士正患着青春期的、浪漫底克的忧郁病:悲观、厌世、彷徨、烦闷、无聊:我在《贝多芬传》译序中说的就是指那个时期。孩子,你比我成熟多了,所有青春期的苦闷,都提前几年,早在国内度过;所以你现在更能够定下心神,发愤为学;不至于像我当年蹉跎岁月,到如今后悔无及。

你的弹琴成绩,叫我们非常高兴。对自己父母,不用怕"自吹自捧"的嫌疑,只要同时分析一下弱点,把别人没说出而自己感觉到的短处也一起告诉我们。把人家的赞美报告我们,是你对我们最大的安慰;但同时必须深深地检讨自己的缺陷。这样,你写的信就不会显得过火;而且这种自我批判的功夫也好比一面镜子,对你有很大帮助。把自己的思想写下来（不管在信中或是用别的方式），比着光在脑中空想是大不同的。写下来需要正确精密的思想，所以写在纸上的自我检讨，格外深刻，对自己也印象深刻。你觉得我这段话对不对？

我对你这次来信还有一个很深的感想，便是你的感觉性极强、极快。这是你的特长，也是你的缺点。你去年一到波兰，弹 Chopin ［萧邦］的 style ［风格］立刻变了；回国后却保持不住；这一回一到波兰又变了。这证明你的感受力极快。但是天下事有利必有弊，有长必有短，往往感受快的，不能沉浸得深，不能保持得久。去年时期短促，固然不足为定论。但你至少得承认，你的不容易"牢固执著"是事实。我现在特别提醒你，希望你时时警惕，对于你新感受的东西不要让它浮在感觉的表面；而要仔细分析，究竟新感受的东西和你原来的观念、情绪、表达方式有何不同。这是需要冷静而强有力的智力，才能分析清楚的。希望你常常用这个步骤来"巩固"你很快得来的新东西（不管是技术是表达）。长此做去，不但你的演奏风格可以趋于稳定、成熟（当然所谓稳定不是刻板化、公式化）；而且你一般的智力也可大大提高，受到锻炼。孩子，记住这些！深深的记住！还要实地做去！这些话我相信只有我能告诉你。

还要补充几句：弹琴不能徒恃 sensation ［感觉］，sensiblity ［感受，敏感］。那些心理作用太容易变。从这两方面得来的，必要经过理性的整理、归纳，才能深深的化入自己的心灵，成为你个性的一部分，人格的一部分。当然，你在波兰几年住下来，熏陶的结果，多少也（自然而然的）会把握住精华。但倘若你事前有了思想准备，特别在智力方面多下功夫，那么你将来的收获一定更大更丰富，基础也更稳固。再说得明白些：艺术家天生敏感，换一个地方，换一批群众，换一种精神气氛，不知不觉会改变自己的气质与表达方式。

但主要的是你心灵中最优秀最特出的部分,从人家那儿学来的精华,都要紧紧抓住,深深的种在自己性格里,无论何时何地这一部分始终不变。这样你才能把独有的特点培养得厚实。

关于这个问题,我想你听了必有所感。不妨跟我多谈谈。

其次,我不得不再提醒你一句:尽量控制自己的感情,把它移到艺术中去。你周围美好的天使太多了,我怕你又要把持不住。你别忘了,你自誓要做几年清教徒的,在男女之爱方面要过几年僧侣生活,禁欲生活的!这一点千万要提醒自己!时时刻刻提防自己!一切都要醒悟得早,收篷收得早;不要让自己的热情升高之后再去压制,那时痛苦更多,而且收效也少。亲爱的孩子,无论如何你要在这方面听从我的忠告!爸爸妈妈最不放心的不过是这些。

你上课以后,老师如何批评?那时他一定有更切实更具体的指摘,不会光是夸奖了。我们都急于要知道。你对 Chopin [萧邦] 的了解,他们认为的长处短处,都望详细报告。technic [技巧] 问题也是我最关心的。老师的意见怎样?是否需要从头来起?还是目前只改些小地方,待比赛以后再彻底修改?这些你也不妨请问老师。

(……)

这几天上海大热,三楼九十六度,我挥汗改译文,仍要到深夜。楼下书房墙壁仍没有干透,一个月内无搬下去的希望。今早一收到你来信,我丢下工作花了一小时写这封信。

来信提到一位将来的评判员,叫做 Lazara Revy,我从来没听见过这名字,他是哪国人?①

孩子,你真是个艺术家,从来想不起实际问题的。怎么连食宿的费用,平日的零用等等,一字不提呢?人是多方面的,做父母的

---

①应是 Lazare Levy。拉扎尔·莱维,法国钢琴家。

特别关心这些,下次别忘了详细报道。乐谱问题怎样解决?在波兰花一大笔钱买了,会不会影响别的用途?

我要工作了,不再多写。远远的希望你保重,因为你这样快乐,用不着再祝你快乐了!

爸爸　八月十一日午前

## 八月十六日晚

孩子:

我忙得很,只能和你谈几桩重要的事。

你素来有两个习惯:一是到别人家里,进了屋子,脱了大衣,却留着丝围巾;二是常常把手插在上衣口袋里,或是裤袋里。这两件都不合西洋的礼貌。围巾必须和大衣一同脱在衣帽间,不穿大衣时,也要除去围巾。手插在上衣袋里比插在裤袋里更无礼貌,切忌切忌!何况还要使衣服走样,你所来往的圈子特别是有教育的圈子,一举一动务须特别留意。对客气的人,或是师长,或是老年人,说话时手要垂直,人要立直。你这种规矩成了习惯,一辈子都有好处。

在饭桌上,两手不拿刀叉时,也要平放在桌面上,不能放在桌下,搁在自己腿上或膝盖上。你只要留心别的有教养的青年就可知道。刀叉尤其不要掉在盘下,叮叮当当的!

出台行礼或谢幕,面部表情要温和,切勿像过去那样太严肃。这与群众情绪大有关系,应及时注意。只要不急,心里放平静些,表情自然会和缓。

你的老师有多少年纪了?是哪个音乐学院的教授?过去经历如何?面貌怎样的?不妨告诉我们听听。别忘了爸爸有时也像你们一样,喜欢听故事呢。

总而言之，你要学习的不仅仅在音乐，还要在举动、态度、礼貌各方面吸收别人的长处。这些，我在留学的时代是极注意的；否则，我对你们也不会从小就管这管那，在各种manners［礼节，仪态］方面跟你们烦了。但望你不要嫌我繁琐，而要想到一切都是要使你更完满、更受人欢喜！

爸爸　八月十六日晚

## 九月四日

聪，亲爱的孩子：

多高兴，收到你波兰第四信和许多照片，邮程只有九日，比以前更快了一天。看照片，你并不胖，是否太用功，睡眠不足？还是室内拍的照，光暗对比之下显得瘦？又是谁替你拍的？在什么地方拍的，怎么室内有两架琴？又有些背后有竞赛会的广告，是怎么回事呢？通常总该在照片反面写印日期、地方，以便他日查考。

你的"鬆"字始终写别字，记住：上面是"髟"，下面是"松"，"松"便是"鬆"字的读音，记了这点就不会写错了。要写行书，可以如此写：鬆。高字的草书是髙。

还有一件要紧的小事情：信封上的字别太大，把整个封面都占满了；两次来信，一封是路名被邮票掩去一部分，一封是我的姓名被贴去一只角。因为信封上实在没有地方可贴邮票了。你看看我给你的信封上的字，就可知道怎样才合式。

你的批评精神越来越强，没有被人捧得"忘其所以"，我真快活！你说的脑与心的话，尤其使我安慰。你有这样的了解，才显出你真正的进步。一到波兰，遇到一个如此严格、冷静、着重小节和分析曲体的老师，真是太幸运了。经过他的锻炼，你除了热情澎湃以外，更有个钢铁般的骨骼，使人觉得又热烈又庄严，又有感情又有理智，给人家的力量更深更强！我祝贺你，孩子，我相信你早晚会走到这条路上：过了几年，你的修养一定能够使你的 brain［理智］与heart［感情］保持平衡。你的性灵越发掘越深厚、越丰富，你的技巧越磨越细，两样凑在一处，必有更广大的听众与批评家会欣赏你。孩子，我真替你快活。

你此次上台紧张，据我分析，还不在于场面太严肃——去年在罗京比赛不是一样严肃得可怕吗？主要是没先试琴，一上去听见tone［声音］大，已自吓了一跳；touch［触键］不平均，又吓了一跳；pedal［踏板］不好，再吓了一跳。这三个刺激是你二十日上台紧张的最大原因。你说是不是？所以今后你切须牢记，除非是上台比赛，谁也不能先去摸琴，否则无论在私人家或在同学演奏会中，都得先试试touch［触键］与pedal［踏板］。我相信下一回你决不会再nervous［紧张］的。

大家对你的欣赏，妈妈一边念信一边直淌眼泪。你瞧，孩子，你的成功给我们多大的欢乐！而你的自我批评更使我们喜悦得无可形容。

要是你看我的信，总觉得有教训意味，仿佛父亲老做牧师似的；或者我的一套言论，你从小听得太熟，耳朵起了茧；那么希望你从感情出发，体会我的苦心；同时更要想到：只要是真理，是真切的教训，不管出之于父母或朋友之口，出之于熟人生人，都得接受。别因为是听腻了的，无动于衷，当作耳边风！你别忘了：你从小到现在的家庭背景，不但在中国独一无一，便是在世界上也很少很少。哪个人教育一个年轻的艺术学生，除了艺术以外，再加上这么多的道德的？我完全信任你，我多少年来播的种子，必有一日在你身上开花结果——我指的是一个德艺俱备、人格卓越的艺术家！

你的随和脾气多少得改掉一些。对外国人比较容易，有时不妨直说：我有事，或者：我要写家信。艺术家特别需要冥思默想。老在人堆里（你自己已经心烦了），会缺少反省的机会；思想、感觉、感情也不能好好的整理、归纳。

　　Krakow［克拉可夫］是一个古城，古色古香的街道，教堂、桥，都是耐人寻味的。清早、黄昏、深夜，在这种地方徘徊必另有一番感触，足以做你诗情画意的材料。我从前住在法国内地一个古城里，叫做Peitier［博济哀］，十三世纪的古城，那种古文化的气息至今不忘，而且常常梦见在那儿踯躅。北欧哥特式(Gothique)建筑，Krakow［克拉可夫］一定不少，也是有特殊风格的。我恨不得飞到你身畔，和你一同赏玩呢！倘有什么风景片（那到处都有卖，很便宜的），不妨写上地名，作明信片寄来。

　　到K城后，你的按月零用拿到多少？在海滨一个月，恐怕钱不够花吧？

　　还有，你现在练新曲子，是否开始仍旧很慢的练？如*Fantansy*［《幻想曲》］，是否仍每天慢练几遍？这是为了恩德作参考，同时也为了要知道手放松后，technic［技巧］的保持是否仍须常常慢练才行？这次的*Scherzo*［《诙谐曲》］你写的是Op.36［作品三十六号］，大概是作品三十九号之误吧？应该是第二支*Scherzo*［《诙谐曲》］吧？*Polonaise*［《波洛奈兹》］是否尚未练熟？以后的*Concerto*［《协奏曲》］预备练那一支早先练过的，还是另外一支？

　　以后听到别的同学弹奏，希望能来信告诉你的意见和感想。我对音乐上的事太感兴趣了。

　　（……）

爸爸　九月四日

## 九月二十八日夜

聪：

　　你九月十三日信中，说到克拉可夫后，没接到过家信，我疑心（波5、6、7）三信都遗失了，想想非常不高兴。那些信都是我跟妈妈花了好多心血写的，其中也报告你许多新闻，有琐碎的杂事，也有国家大事。你可曾向音乐院的门房或秘书处去问过呢？你人还未到，可能丢在学校不知哪一部分的办公室里，搁到今天。

　　我们常常想写信给你，只愁没有材料，因而搁笔；你材料很多，却不大告诉我们。譬如从海边回来，在华沙好像就耽了四五天，那个时期内你作了些什么？在华沙遇到什么人？你出国途中，在莫斯科遇到巴金先生；他在八月中旬回到上海，当天就打电话来告诉我；而你却从来没提及。当然，那一段时间你是忙得不得了，无暇作那些回想。

　　到克拉可夫的头十天，你又是病，又是教授不在，照例空一些，但你也没描写一下那城市的风光，也没描写音乐院的建筑，规模，琴房的多少。从学生那儿，至少也可以知道一些教授与学生的数目，修业期限，每周上课次数，每次的时间等等。过去你跟 Drzewiecki 教授（他的姓望拼音给我听）每次上课，大概有多少时间？他指正的，究竟以 technic［技巧］部分为多，还是 music［音乐］部分为多？以 technic［技巧］论，他有没有钉着手、手指、手腕的姿势？还是不过从大处批评 touch［触键］与放松问题？

　　（……）

　　近来又翻出老舍的《四世同堂》看看，发觉文字的毛病很多，不但修辞不好，上下文语气不接的地方也很多。还有是硬拉硬扯，啰里啰嗦，装腔作势，前几年我很佩服他的文章，现在竟发现他毛病百出。可见我不但对自己的译文不满，对别人的创作也不满了。翻老舍的小说出来，原意是想学习，结果找不到什么可学的东西。

我暑中腰酸了快两个月，坐了一会儿站起来，就挺不直，情形像五〇年夏天，只是略好一些。最近又重伤风，精神很差，工作的持久力大减，想想也急得很。人真是太容易衰老了！照此情形，不知还有几年工作可做！

我们很关心你最近的生活，学校何时开学？你的课是否要等音院开课时再上？Drzewiecki［杰维茨基］教授山上避暑回来没有？到克拉可夫以后的膳食，比海滨如何？零用钱多少？吃饭是怎么的？是否在校外，上饭店？将来开学后又怎样？所有的行李是否都在身边了？妈妈说，你的衣服应轮着穿，可以持久，尤其是西装裤！西装切忌多洗，容易走样，缩小缩短；那可是损失大了！

我又想到一点，你上台弹琴，常常有咬嘴唇的习惯，望注意改掉。

假如学校环境太闹，是否可以写信告诉Eva［埃娃］想办法？有些要紧的事，不要得过且过，听人摆布！这与你精神安定有关，也与你的学习及明年的比赛有关！我几次问你要埃娃的地名，你始终没写来。

最近全国人代大会在京开会，选出了主席副主席；国庆又近，来参加观礼的听说有几十个国家。上海秋高气爽，正是一年最好的时节，可怜我身体不行，工作又拖得很慢，不能再出去松散了。

平日没有一天不想到你，只是痴痴的等你的信，虽然知道你忙，不到十天左右休想有信，但心里总禁不住存着希望。

外婆还住在我家，可是不但精神麻木已极，连相貌也变得不像从前了。看看这种老态，想到自己也在一天天的望这条路上走，不禁黯然!

(……)

爸爸　九月二十八日夜

## 十月二日

聪,亲爱的孩子:

收到九月二十二日晚发的第六信,很高兴。我们并没为你前信感到什么烦恼或是不安。我在第八信中还对你预告,这种精神消沉的情形,以后还是会有的。我是过来人,决不至于大惊小怪。你也不必为此担心,更不必硬压在肚里不告诉我们。心中的苦闷不在家信中发泄,又哪里去发泄呢?孩子不向父母诉苦向谁诉呢?我们不来安慰你,又该谁来安慰你呢?人一辈子都在高潮低潮中浮沉,惟有庸碌的人,生活才如死水一般;或者要有极高的修养,方能廓然无累,真正的解脱。只要高潮不过分使你紧张,低潮不过分使你颓废,就好了。太阳太强烈,会把五谷晒焦;雨水太猛,也会淹死庄稼。我们只求心理相当平衡,不至于受伤而已。你也不是栽了筋斗爬不起来的人。我预料国外这几年,对你整个的人也有很大的帮助。这次来信所说的痛苦,我都理会得;我很同情,我愿意尽量安慰你、鼓励你。克利斯朵夫不是经过多少回这种情形吗?他不是一切艺术家的缩影与结晶吗?慢慢的你会养成另外一种心情对付过去的事:就是能够想到而不再惊心动魄,能够从客观的立场分析前因后果,做将来的借鉴,以免重蹈覆辙。一个人惟有敢于正视现实,正视错误,用理智分析,彻底感悟,终不至于被回忆侵蚀。我相信你逐渐会学会这一套,越来越坚强的。我以前在信中和你提过感情的ruin[创伤,覆灭],就是要你把这些事当做心灵的灰烬看,看的时候当然不免感触万端，但不要刻骨铭心的伤害自己，而要像对着古战场一般的存着凭吊的心怀。倘若你认为这些话是对的，对你有些启发作用，那么将来在遇到因回忆而痛苦的时候（那一定免不了会再来的），拿出这封信来重读几遍。

说到音乐的内容，非大家指导见不到高天厚地的话，我也有另外的感触，就是学生本人先要具备条件：心中没有的人，再经名师指点也是枉然的。

你说的那波兰钢琴家，即使到上海表演，也不一定能听到。这种演奏会的票子，都由外宾招待会掌握；我还没打听到那个机构是管哪个部门的，也许是直属中央的。还有一点，现在这一类的音乐会，电台并不转播；直要等到有重大节日才播送钢丝录音。例如前一晌罗马尼亚的小提琴家来，和乐队弄了两支 violin concerto［小提琴协奏曲］，今天十月初二的国庆特别节目，上海电台才播送他的录音。

北京找林伯伯去参加特别演出，同时中央歌舞团要他讲学，并训练明年出国的一部分合唱队中唱 solo［独唱］的人。他下星期动身，约须留京三个到四个月。北京到了不少国家的艺术团，其中就有波兰的，想必你说的那位女钢琴家即在团体内。

你要《英汉辞典》，已经叫妈妈到旧书店去找；因为不要太厚太大，你在外面用不方便，故不把昆明带回的那一册给你。日内大概即可寄出。

为了你，我前几天已经在《大英百科辞典》上找 Krakow［克拉可夫］那一节看了一遍，知道那是七世纪就有的城市，从十世纪起，城市的历史即很清楚。城中有三十余所教堂。希望你买一些明信片，并成一包，当印刷品（不必航空）寄来，让大家看看喜欢一下。

下一封信里，大概可以知道你月初在华沙演奏的成绩了。据今日的信，大概（波5）一信你没收到，那是妈妈写的长信。她说："真倒霉！"

上海已经秋凉了，你那儿的气候如何？地理书上说波兰是大陆气候，寒暑都有极端。你现在穿些什么衣服？

你练的 Concerto［《协奏曲》］是否仍是以前练开头的一支？成绩如何？

不要太紧张，比赛的事不要计较太厉害。"我尽我心"，别的任凭天命。精神松散，效果反而好。祝

你快乐！

爸爸　十月二日

## 十月十九日夜——二十二日晨

好孩子：

十七天不接来信，有点着急，不知身体怎么样？你月初到华沙去为我们的国庆演出以后，始终没有信，结果如何？近来又忙哪几支曲子？练的成绩怎样？教授满意吗？有新的批评，有新毛病提出吗？

星期日（十七）出去玩了一天。上午到博物馆去看古画，看商周战国的铜器等等；下午到文化俱乐部（即从前的法国总会，兰心斜对面）参观华东参加全国美展的作品预展。结果看得连阿敏都频频摇头，连喊吃不消。大半是月份牌式，其幼稚还不如好的广告画。漫画木刻之幼稚，不在话下。其余的几个老辈画家，也是轧时髦，涂抹一些光光滑滑的，大幅的着色明信片，长至丈余，远看也像舞台布景，近看毫无笔墨。伦伦①的爸爸在黄宾虹画展中见到我，

---

① 即刘海粟大女儿刘英伦。

大为亲热。这次在华东出品全国的展览中,他有二张油画,二张国画。国画仍是野狐禅,徒有其貌,毫无精神,一味取巧,骗人眼目;画的黄山峭壁,千千万万的线条,不过二三寸长的,也是败笔,而且是琐琐碎碎连接起来的,毫无生命可言。艺术品是用无数"有生命力"的部分,构成一个一个有生命的总体。倘若拿描头画角的匠人功夫而欲求全体有生命,岂非南辕北辙?那天看了他的作品,我就断定他这一辈子的艺术前途完全没有希望了。我几十年不见他的作品,原希望他多少有些进步,不料仍是老调。而且他的油画比以前还退步,笔触谈不到,色彩也俗不可耐,而且俗到出乎意外。可见一个人弄艺术非真实、忠诚不可。他一生就缺少这两点,可以嘴里说得天花乱坠,实际上从无虚怀若谷的谦德,更不肯下苦功研究。今春他到黄山去住了两个多月,一切都有公家招待,也算画了几十件东西回来;可是内容如此,大大辜负了政府的好意了。

昨晚去听了德国艺术代表团的音乐会。上月我给夏衍去了一信,要求他叫电台当场广播,以便广大的音乐爱好者能够与外来的艺术成就接触;所谓文化交流,不能限于干部,决不该与人民脱离。这信去后,昨天外宾招待会居然送了五张票来,如此阔气,真是难得。于是我们一家三口,带了恩德都去听了;成绩很好,但也不算了不起。唱的两位女高音,其中一个声音带沙。全部讲起来,钢琴伴奏最好(他是柏林歌剧院的伴奏)。共同的长处是细腻,唱与四重奏都是如此,可以说都是"轻功"的表现。一个女高音在encore[加演]时唱《纺棉纱》,一个encore[加演]时唱《在那遥远的地方》,感情都比国人唱得丰富,多变化,而且细腻。

休息期间遇到尹政修[①],说前晚招待苏联代表团,×××弹《新

---

[①] 当年上海交响乐队的首席长笛演奏家。

疆舞曲》，半中间背不出，左手老是把伴奏拖下去，上面的melody[旋律]老是找不到；结果只得从头再来。这样简单的曲子，出这种岔子，谁想得到？而且当着外宾。这次来的苏联代表团都是重要人物——莫斯科大学校长、科学院院士等等——真是太丢国家的脸了！

十月十九日夜

昨天尚宗①打电话来，约我们到他家去看作品，给他提些意见。话说得相当那个，不好意思拒绝。下午三时便同你妈妈一起去了。他最近参加华东美展落选的油画《洛神》，和以前画佛像、观音等等是一类东西。面部既没有庄严沉静的表情（《观音》），也没有出尘绝俗的世外之态（《洛神》），而色彩又是既不强烈鲜明，也不深沉含蓄。显得作者的思想只是一些莫名其妙的烟雾，作者的情绪只是浑浑沌沌的一片无名东西。我问："你是否有宗教情绪，有佛教思想？"他说："我只喜欢富丽的色彩，至于宗教的精神，我也曾从佛教画中追寻他们的天堂等等的观念。"我说："他们是先有了佛教思想，佛教情绪，然后求那种色彩来表达他们那种思想与情绪的。你现在却是倒过来。而且你追求的只是色彩，而你的色彩又没有感情的根源。受外来美术的影响是免不了的，但必须与一个人的思想感情结合。否则徒袭形貌，只是作别人的奴隶。佛教画不是不可画，而是要先有强烈、真诚的佛教感情，有佛教人生观与宇宙观。或者是自己有一套人生观宇宙观，觉得佛教美术的构图与色彩恰好表达出自己的观念情绪，借用人家的外形，这当然可以。倘若单从形与色方面去追求，未免舍本逐末，犯了形式主义的大毛病。何况即以

---

① 吴尚宗，系傅雷三十年代在上海美专任教时的学生。

现代欧洲画派而论，纯粹感官派的作品是有极强烈的刺激感官的力量的。自己没有强烈的感情，如何教看的人被你的作品引起强烈的感情？自己胸中的境界倘若不美，人家看了你作品怎么会觉得美？你自以为追求富丽，结果画面上根本没有富丽，只有俗气乡气；岂不说明你的情绪就是俗气乡气？（当时我措辞没有如此露骨。）惟其如此，你虽犯了形式主义的毛病，连形式主义的效果也丝毫产生不出来。"

我又说："神话题材并非不能画，但第一，跟现在的环境距离太远；第二，跟现在的年龄与学习阶段也距离太远。没有认清现实而先钻到神话中去，等于少年人醇酒妇人的自我麻醉，对前途是很危险的。学西洋画的人第一步要训练技巧，要多看外国作品，其次要把外国作品忘得干干净净——这是一件很艰苦的工作——同时再追求自己的民族精神与自己的个性。"

以尚宗的根基来说，至少再要在人体花五年十年功夫才能画理想的题材，而那时是否能成功，还要看他才具而定。后来又谈了许多整个中国绘画的将来问题，不再细述了。总之，我很感慨，学艺术的人完全没有准确的指导。解放以前，上海、杭州、北京三个美术学校的教学各有特殊缺点，一个都没有把艺术教育用心想过、研究过。解放以后，成天闹思想改造，而没有击中思想问题的要害。许多有关根本的技术训练与思想启发，政治以外的思想启发，不要说没人提过，恐怕脑中连影子也没有人有过。

学画的人事实上比你们学音乐的人，在此时此地的环境中更苦闷。先是你们有唱片可听，他们只有些印刷品可看；印刷品与原作的差别，和唱片与原演奏的差别，相去不可以道里计。其次你们是讲解西洋人的著作（以演奏家论），他们是创造中国民族的艺术。你们即使弄作曲，因为音乐在中国是处女地，故可以自由发展；不比绘画有一千多年的传统压在青年们精神上，缚手缚脚。你们不管怎样无好先生指导，至少从小起有科学方法的训练，每天数小时的指法练习给你们打根基；他们画素描先在时间上远不如你们的长，顶用功的学生也不过画一二年基本素描，其次也没有科学方法帮助。出了美术院就得"创作"，不创作就谈不到有表现；而创作是解放以来整个文艺界，连中欧各国在内，都没法找出路（心理状态与情绪尚未成熟，还没到瓜熟蒂落、能自然而然找到适当的形象表现）。

从胡尚宗家回来，就看到你的信与照片，今晨又收到大照片二张。

你的比赛问题固然是重负，但无论如何要做一番思想准备。只要尽量以得失置之度外，就能心平气和，精神肉体完全放松，只有如此才能希望有好成绩。这种修养趁现在做起还来得及，倘若能常常想到"文章千古事，得失寸心知"的名句，你一定会精神上放松得多。惟如此才能避免过度的劳顿与疲乏的感觉。最磨折人的不是脑力劳动，也不是体力劳动（那种疲乏很容易消除，休息一下就能恢复精力），而是操心（worry）！孩子，千万听我的话。

下功夫叫自己心理上松动，包管你有好成绩。紧张对什么事都有弊无利。从现在起，到比赛，还有三个多月，只要凭"愚公移山"的意志，存着"我尽我心"的观念；一紧张就马上叫自己宽弛，对付你的精神要像对付你的手与指一样，时时刻刻注意放松，我保证你明年会成功。这个心理卫生的功夫对你比练琴更重要，因为练琴的成绩以心理的状态为基础，为主要条件！你要我们少为你操心，也只有尽量叫你放松。这些话你听了一定赞成，也一定早想到的，但要紧的是实地做去，而且也要跟自己斗争；斗争的方式当然不是紧张，而是冲淡，而是多想想人生问题，宇宙问题，把个人看得渺小一些，那么自然会减少患得患失之心，结果身心反而舒泰，工作反而顺利！下次信来，希望你报告我们，在这方面努力的结果如何。

（……）

平日你不能太忙。人家拉你出去，你事后要补足功课，这个对你精力是有妨碍的。还是以练琴的理由，多推辞几次吧。要不紧张，就不宜于太忙；宁可空下来自己静静的想想，念一两首诗玩味一下。切勿一味重情，不好意思。工作时间不跟人出去，做成了习惯，也不会得罪人的。人生精力有限，谁都只有二十四小时；不是安排得严密，像你这样要弄坏身体的，人家技巧不需苦练，比你闲，你得向他们婉转说明。这一点上，你不妨常常想起我的榜样，朋友们也并不怪怨我呀。

大照片中有一张笑的，露出牙齿，中间偏左有一个牙短了一些，不知是何道理？难道摔过跤撞折了一些吗？望来信告知，免我惦念。

我跟妈妈常梦见你回来，清清楚楚知道你只回来一两天，有一次我梦中还问你，能不能把萧邦的 *Fantasy* ［《幻想曲》］弹一遍给我听，"一定大不相同"，我说。

没功夫写长信的事，并非不可解决。你看我这封信就是分几次写成的，而我的忙也不下于你，你是知道的。

附上节目一纸，给你看了好玩。十月四日寄出字典一本，收到没有？

你现在的零用钱，大使馆有否津贴，像你上一信说的那样？住的地方是否仍在校内？开学以后上课是否比较更正常？每星期几次？他们音乐院一般程度如何？

我总是这样贪多务得，希望多知道国外的情形，虽然也不愿意你多费时间。

一切保重，时时把心理放松，千万勿紧张！

爸爸　十月二十二日晨

## 十一月六日午

亲爱的孩子:

　　一日夜写了(波13)信。二日清晨即接波兰文化代表团来电话,斯曼齐安卡不能说英文、法文,叫另一个会说法文的团员打的,说她要来看我,还有一个副团长,一个作家(即打电话的人)同来,约在下午六至七时,七时后要去"大舞台"听波兰独唱演奏会。因为时间在六七点之间,我就约他们便饭。妈妈立刻出动,预备了五菜一汤,自己烧的,成绩很好。我也预备了礼物,给S.①的是一幅黄宾虹山水小册页,一只有墨笔山水的小瓷碟,给副团长的是黄宾虹山水小册页,另加一匣荣宝斋仿古信笺。给另一团员的是黄的花卉小册页,荣宝斋山水信笺。他们也带了礼物来:一只木碗,一本画册给我的;一串项链,一只别针(都是玳瑁一类的)送妈妈。

　　在我家的时间很匆忙,谈不了多少话;只拿些古版书给他们看看,斯曼齐安卡看了你童年的照片,你的琴,略微摸了一下。吃饭时他们说有很多问题要问,可惜没时间;我就约他们在当晚歌唱会后上他们旅馆(锦江)去长谈。

　　饭后我们五人(客三人,我与你妈妈二人;阿敏另外两张票,与恩德同去),坐了招待会两辆车同去"大舞台",七点半到九点半完毕,沈枚弹伴奏,弹得一塌糊涂;她在后台见到我,哭丧着脸说:"糟透了!糟透了!只有一天工夫准备……"当然这也怪不得她。一共演唱了十八支歌,作家多得很;别说中国,就在国外,也要老资格的伴奏才能在一天之内完成。事后招待会传出消息,还说那位女歌唱家在后台大发脾气,沈枚哭了。我想她回家以后一定还要大哭一场呢。

---

① 即斯曼齐安卡。

在锦江，直谈到十二点多。先谈京剧、京剧剧本、京剧音乐。他们以为这是中国古已有之的，我不得不把唐以来的音乐与戏剧略说一个梗概，分出古典剧（昆剧）与京剧之不同。他们又问到乐器问题，分不清哪是本土的，哪是外来的。接着又谈到现代音乐的问题，斯曼齐安卡说她听你谈过，大致差不多。后来又谈到上海的生活、舞场等等，问到资产阶级为何销声匿迹，为何上海市面萧条等等。末了，斯曼齐安卡要我们次日陪去买大衣。

三日清晨我们（和妈妈一块）就去锦江陪他们上街，这一天只有斯曼齐安卡和副团长二人，另一位去参观别的地方了。他们买了大衣、衣料。下午四点半后又陪他们逛市街，车子开到黄浦江边，在三马路至北京路之间沿江散步，看江上晚景，谈法国印象派的画。后来请他们到水上饭店吃中国点心，他们从未尝过，吃得津津有味。到六时半送回锦江，作别。他们当晚八点去北站，我们不送车了。陪了他们一天一晚，人也够累了。

他们对我们印象极佳，因为到中国来以后，从未遇到一个人可不用翻译，直接谈天，而且上下古今，无所不谈的。他们老嫌太受拘束，翻译文化水平太低，与教授、作家等等谈话，老是刻板文章、座谈会等等，也觉得枯索无味。宴会上无穷的干杯"站起来——坐下去——站起来——坐下去"（他们说的），太乏味了。能和我们随便走走、看看，无挂无碍，他们才觉得真像朋友，真正尝到了中国的人情味。斯曼齐安卡在江边丢了一枚小钱到水里去，说这是波兰习俗：你愿意再来的地方，就用这个方式发一个愿。她觉得上海是全中国她惟一愿意居住的地方。她们从十月十日左右离开北京，先飞重庆，后飞昆明，又飞广州，再坐火车到杭州，再到上海。前天（三日）坐车去天津，再要上沈阳，再有四个人（斯曼齐安卡、歌唱家、团长、作家）到蒙古去。其余七位团员则一径回波兰。

客人固然大为高兴，招待会却大为紧张。第一，私人送花篮，从来未有；第二，私人请到家去吃饭，也从来未有；第三，客人不要带向导，不要带翻译，更不要保镖，单单坐他们汽车，更是从来未有之事。招待会第一天就问到作协，问唐弢，我住的地方可有招待外宾的条件。第二天陪买东西时，请了楼上婆婆同看皮货（因我们不内行），招待会又紧张了一阵，怕安全有问题。

S.说你平日工作太多。工作时也太兴奋。她自己练琴很冷静，你的练琴，从头至尾都跟上台弹一样。她说这太伤精神，太动感情，对健康大有损害。我觉得这话很对。艺术是你的终身事业，艺术本身已是激动感情的，练习时万万不能再紧张过度。人寿有限，精力也有限，要从长里着眼，马拉松赛跑才跑得好。你原是感情冲动的人，更要抑制一些。S.说Drz.老师[①]也跟你谈过几次这一点。希望你听从他们的劝告，慢慢的学会控制。这也是人生修养的一个大项目。

另托S.带一包糖和话梅给你，纯是象征性质。你来信没说需要什么，故虽然S.再三讲，要带东西尽管交给她，我们也没什么可托。又有一轴静物画（是前北京艺专教授王雪涛画的）送你的老师，因手头没有相当的黄宾虹作品。假如他喜爱中国山水画，望来信告知，明年也许有机会好带去。

附上黄山照片四幅，是最近一期旅行团拍的。明年我也许要去住两星期。

云海是在几千尺高的山峰上拍的，只有雨后初霁方有此奇观。

（……）

爸爸　十一月六日午　陆续写完

---

① 杰维茨基（Drzewiecki），　波兰著名钢琴教授，音乐学者，傅聪的钢琴业师。

## 十一月二十三日夜

聪,亲爱的孩子:

多少天的不安,好几夜三四点醒来睡不着觉,到今日才告一段落。你的第八信和第七信相隔整整一个月零三天。我常对你妈说:"只要是孩子工作忙而没写信或者是信在路上丢了,倒也罢了。我只怕他用功过度,身体不舒服,或是病倒了。"谢天谢地!你果然是为了太忙而少写信。别笑我们,尤其别笑你爸爸这么容易着急。这不是我能够克制的。天性所在,有什么办法?以后若是太忙,只要寥寥几行也可以,让我们知道你平安就好了。等到稍空时,再写长信,谈谈一切音乐和艺术的问题。

你为了俄国钢琴家①兴奋得一晚睡不着觉;我们也常常为了些特殊的事而睡不着觉。神经锐敏的血统,都是一样的;所以我常常劝你尽量节制。那钢琴家是和你同一种气质的,有些话只能加增你的偏向。比如说每次练琴都要让整个人的感情激动。我承认在某些 romantic[浪漫底克]性格,这是无可避免的;但"无可避免"并不一定就是艺术方面的理想;相反,有时反而是一个大累!为了艺术的修养,在 heart[感情]过多的人还需要尽量自制。中国哲学的理想,佛教的理想,都是要能控制感情,而不是让感情控制。假如你能掀动听众的感情,使他们如醉如狂,哭笑无常,而你自己屹如泰山,像调度千军万马的大将军一样不动声色,那才是你最大的成功,才是到了艺术与人生的最高境界。你该记得贝多芬的故事,有一回他弹完了琴,看见听的人都流着泪,他哈哈大笑道:"嘿!你们都是傻子。"艺术是火,艺术家是不哭的。这当然不能一蹴即成,尤其是你,但不能不把这境界作为你终生努力的目标。罗曼·罗兰心目中的大艺

---

① 指前苏联著名钢琴家李赫特。

家,也是这一派。

关于这一点,最近几信我常与你提到,你认为怎样?

我前晌对恩德说:"音乐主要是用你的脑子,把你朦朦胧胧的感情(对每一个乐曲,每一章,每一段的感情)分辨清楚,弄明白你的感觉究竟是怎么一回事;等到你弄明白了,你的境界十分明确了,然后你的technic[技巧]自会跟踪而来的。"你听听,这话不是和Richter[李赫特]说的一模一样吗?我很高兴,我从一般艺术上了解的音乐问题,居然与专门音乐家的了解并无分别。

技巧与音乐的宾主关系,你我都是早已肯定了的;本无须逢人请教,再在你我之间讨论不完,只因为你的技巧落后,存了一个自卑感,我连带也为你操心;再加近两年来国内为什么school[学派],什么派别,闹得惶惶然无所适从,所以不知不觉对这个问题特别重视起来。现在我深信这是一个魔障,凡是一天到晚闹技巧的,就是艺术工匠而不是艺术家。一个人跳不出这一关,一辈子也休想梦见艺术!艺术是目的,技巧是手段:老是只注意手段的人,必然会忘了他的目的。甚至一些有名的virtuoso[演奏家,演奏能手]也犯的这个毛病,不过程度高一些而已。

你到处的音乐会,据我推想,大概是各地的音乐团体或是交响乐队来邀请的,因为十一月至明年四五月是欧洲各地的音乐节。你是个中国人,能在Chopin[萧邦]的故国弹好Chopin[萧邦],所以他们更想要你去表演。你说我猜得对不对?

昨晚陪你妈妈去看了昆剧:比从前差多了。好几出戏都被"戏改会"改得俗滥,带着绍兴戏的浅薄的感伤味儿和骗人眼目的花花绿绿的行头。还有是太卖弄技巧(武生)。陈西禾也大为感慨,说这个才是"纯技术观点"。其实这种古董只是音乐博物馆与戏剧博物馆里的东西,非但不能改,而且不需要改。它只能给后人作参考,本身已没有前途，改它干吗？改得好也没意思，何况是改得"点金成铁"！

楼伯伯到印度当访问文艺团团员去了，两月后方回来。国内正大闹《红楼梦》问题，批判俞平伯观点，与当年批《武训传》有同一趋势。

你各处音乐会的节目能随时寄些来，让我们高兴高兴吗？（不寄节目来，则望将作品写下，我在家替你作记录的。）只要写个信封，在节目单上写上年月，及演奏情况，四五行即可。你一举手，我们得到的快乐已经是无可形容的了！

孩子，一切珍重！附照片，望保存，其中一张黄宾虹像尤其要留着。

爸爸　十一月二十三日夜

## 十二月十七日

聪：

又是半个月没写信给你了。预算从上月二十日以来，大概你四个音乐会都已完毕，这个月二十以后可能接到你的信了。年尾年初，音乐院想必放假，你也可休息一下——还是相反，圣诞前后你倒反而忙着演出呢？

月初听了匈牙利小提琴家演奏，一共三个 Sonatas［奏鸣曲］：贝多芬的"Spring" Sonata［《"春天"奏鸣曲》］、舒曼的 Sonata in d min.［《d小调奏鸣曲》］、弗兰克的 Sonata in A［《A大调奏鸣曲》］。我都觉得不甚精彩。贝多芬的《"春天"奏鸣曲》我本不喜欢，演奏也未能呵成一气；舒曼的《d小调奏鸣曲》是初次听到，似乎"做作"得厉害，音乐本身并不好。弗兰克的《A大调奏鸣曲》，味儿全不对。钢琴家尤其不行，tone［音质］柔而木，forte［强音］像是硬敲硬碰，全无表情。小提琴家是布达佩斯音乐院院长（匈牙利的制度，音乐院只是中等音乐学校；他们的"高等音乐学校"方等于别国的音乐院。），年纪五十一岁，得过两次国内的什么奖。

（……）

服尔德的小说集（一共两个中篇：《老实人》与《天真汉》，合成一册）全部排好了，纸型也打好，但要寄到北京去印，恐怕要一月份才能出版。这期间，译文杂志把《天真汉》先在十二月号发表，另外给了我一笔稿费，可说是意外之财；我给妈妈买了一件皮大衣，也给敏二十万，让他买些喜欢的东西。他如今买书的劲可不小，可是没时间阅读。这一点又是像了我的脾气。我常叹买书容易读书难，自己对着架上柜内未读的书，常在着急。

上月初到杭州，在黄宾翁处买了十余幅清代小名家的精品。近来有了这一笔意外的稿费，也想在沪收买些小册页玩玩。前星期在五马路古董市场买了两幅敦煌壁画，有五六尺高，二三尺宽，是泥底子的，从庙宇墙壁上弄下来的。从前只有外国人收买，价亦惊人。现在没人买了，外侨离华，不得不当旧货售出，这次二幅只花了十一万元。可是原有的框子糟糕得很，要重做过，这笔钱倒要三倍于画价呢。等你将来回家，我可以有个小小的相当精的收藏了。这两天不知怎么，胃不舒服，也说不出原因。

林伯伯仍在北京，他们要长期留他，他急坏了，连连来信讨救兵。他真是老实，自己不愿，公家也不会强迫，何必急呢！

前几信问你的关于音乐会情形、节目，及波兰过冬的生活起居，千万详细告诉我们。你手指还常常弹疼，要搽油吗？贴橡皮膏吗？斯曼齐安卡此时想必回到克拉可夫了，她对你说我们什么话？

本月四日寄给你黄宾翁画片九张（一筒），收到没有？一切保重！

爸爸　十二月十七日

# 十二月二十七日

亲爱的孩子:

十八日收到节目单、招贴、照片及杰老师的信,昨天(二十六日)又收到你的长信(这是你第九封),好消息太多了,简直来不及,不知欢喜了哪一样好!妈妈老说:"想起了小囝,心里就快活!"好孩子,你太使人兴奋了。

一天练出一个concerto[协奏曲]的三个乐章带cadenza[华彩段],你的technic[技巧]和了解,真可以说是惊人。你上台的日子还要练足八小时以上的琴,也叫人佩服你的毅力。孩子,你真有这个劲儿,大家说还是像我,我听了好不flattered[受宠若惊]!不过身体还得保重,别为了多争半小时一小时,而弄得筋疲力尽。从现在起,你尤其要保养得好,不能太累,休息要充分,常常保持fresh[饱满]的精神。好比参加世运的选手,离上场的日期愈近,身心愈要调养得健康,精神饱满比什么都重要。所谓The first prize is always "luck"[第一名总是"碰运气的"]这句话,一部分也是这个道理。目前你的比赛节目既然差不多了,technic[技巧],pedal[踏板]也解决了,那更不必过分拖累身子!再加一个半月的琢磨,自然还会百尺竿头,更进一步;你不用急,不但你有信心,老师也有信心,我们大家都有信心:主要仍在于心理修养,精神修养,存了"得失置之度外"、"胜败兵家之常"那样无挂无碍的心,包你没有问题的。第一,饮食寒暖要极小心,一点儿差池不得。比赛以前,连小伤风都不让它有,那就行了。

到波兰五个月,有这样的进步,恐怕你自己也有些出乎意外吧。李先生今年一月初说你:gains come with maturity[因日渐成熟而有所进步],真对。勃隆斯丹过去那样赏识你,也大有先见之明。

还是我做父亲的比谁都保留,其实我也是 expect the worst , hope for the best[作最坏的打算,抱最高的希望]。我是你的舵工,责任最重大;从你小时候起,我都怕好话把你宠坏了。现在你到了这地步,样样自己都把握得住,我当然不再顾忌,要跟你说:我真高兴,真骄傲!中国人气质,中国人灵魂,在你身上和我一样强,我也大为高兴。

还要打听你一件事:上次匈牙利小提琴家(音乐院院长)演奏,从头至尾都是拿出谱来拉的;我从前在欧洲从未见过,便是学生登台也没有这样的事;不知你在波兰见过这等例子吗?不妨问问人家。我个人总觉得"差些劲"。周伯伯前晌谈到朗读诗歌,说有人看了原文念,那是念不好的;一定要背,感情才浑成。我觉得这话很有见地。诗歌朗诵尚且如此,何况弹琴、拉琴!我自己教恩德念诗,也有这经验。凡是空口背而念的,比看着原作念的,精神更一贯,情绪更丰富。

你做礼服的料子,其实应该打电话给我们,在上海买的。爸爸有钱买呢!上海料子好得多,我们也会挑。日前可来不及了。手套没问题,马上去买。可惜上海没有最好的东西了。惠罗、福利两公司本是卖最讲究的东西的,如今也没有了。你要什么,尽管写信来;国内物价比波兰仍是便宜,只是航空邮费太贵,有时会超出物品的价值。好在也没什么急用之物,平寄也不过二十多天。我们还想另外寄两瓶头发水给你。此外又另寄书一包,计有:(都有注解)《元明散曲选》二册、《古诗源选读》二册、《唐五代宋词》二册、《世说新语选》一册。

你现在手头没有散文的书(指古文),《世说新语》大可一读。日本人几百年来都把它当作枕中秘宝。我常常缅怀两晋六朝的文采风流,认为是中国文化的一个高峰。

《人间词话》，青年们读得懂的太少了；肚里要不是先有上百首诗，几十首词，读此书也就无用。再说，目前的看法，王国维是"唯心"的；在此俞平伯"大吃生活"之际，王国维也是受批判的对象。其实，唯心唯物不过是一物之两面，何必这样死拘！我个人认为中国有史以来，《人间词话》是最好的文学批评。开发性灵，此书等于一把金钥匙。一个人没有性灵，光谈理论，其不成为现代学究、当世腐儒、八股专家也鲜矣！为学最重要的是"通"，通才能不拘泥，不迂腐，不酸，不八股；"通"才能培养气节、胸襟、目光；"通"才能成为"大"，不大不博，便有坐井观天的危险。我始终认为弄学问也好，弄艺术也好，顶要紧是humain，①要把一个"人"尽量发展，没成为某某家某某家以前，先要学做人；否则那种某某家无论如何高明也不会对人类有多大贡献。这套话你从小听腻了，再听一遍恐怕更觉得烦了。

(……)

Richter［李赫特］弹的Rimsky Korsakow［里姆斯基 科萨可夫］的Piano Concerto［《钢琴协奏曲》］，名强有第一乐章的唱片，拿来给我们听了；恩德、敏、妈妈，都一致认为跟你的风格很像，怪不得你对他如此相投，如此钦佩。你自己以为如何？

二十五日我刚把巴尔扎克的《于絮尔·弥罗埃》初译译完，加上修改、誊正等等，大概全部完成也要在二三月中。等你比赛结束时我的工作也告一段落。下一部仍是服尔德的两个中篇。再下一部又是巴尔扎克，那要到明年年底完工的了。

恩德近来跟着我大看古画；她极聪明，领会极快，而且 esthetic sense［审美感］很强、很正确。敏究竟年纪小一点，感染慢一些。

---

① 法文字，即英文的 human，意为"人"。

妈妈说你的信好像满纸都是 sparkling［光芒四射，耀眼生辉］。当然你浑身都是青春的火花，青春的鲜艳，青春的生命、才华，自然写出来的有那么大的吸引力了。我和妈妈常说，这是你一生之中的黄金时代，希望你好好的享受、体验，给你一辈子做个最精彩的回忆的底子！眼看自己一天天的长大成熟，进步，了解的东西一天天的加多，精神领域一天天的加阔，胸襟一天天的宽大，感情一天天的丰满深刻：这不是人生最美满的幸福是什么！这不是最隽永最迷人的诗歌是什么！孩子，你好福气！

你挣了这许多钱，应该小心处理。我知道你不会乱花，也没时间出外花钱；但理财不是你的擅长，究竟自己要警惕一些。想法积一点，将来买架好琴。你打听过没有，波兰一架好琴要多少钱？

我们最遗憾的是听不到你弹琴，没法在比赛时到波兰去。不知将来会有一天大使馆（或波兰文化部）把你的录音寄回来吗？妈妈已经说过好几次，等日后你回国，要到北京去接你，到北京去先听你弹琴。你看我们做着多少好梦啊！

前二月，昆明一个不相干的熟人（为了翻译问题）来信说，波兰代表团到昆明时也提到你。那么几年（不过四年！）前昆明一般朋友对你的热情和帮助也算没白费，他们心里一定会想："我们没看错！也没白忙。"你这也算报答了他们的盛意。这样报答知己才是最有意义的！

克拉可夫音乐会的节目仍望寄来，招贴不一定要，以省航空费（或是把招贴作平信寄，就便宜多了，因为那是印刷品——节目仍要信里寄），一月份你还有别的演出没有？

最后，还要传令嘉奖你一件事：这次来信也报告了日常生活，我们特别有兴趣，而且也更加放心了。谢天谢地，波兰居然不太冷。不过你得防着正二月，在欧洲，正二月才是最冷的季节。

好了,下次再谈。这封信花了我一小时零十分。祝

你进步无疆,希望处处保重。

爸爸　十二月二十七日

## 十二月三十一日晚

亲爱的孩子:

今晨收到风景片一大包,使你花了二十三Zt的航空邮费;其余只要平信当印刷品寄,恐怕二个三个Zt也够了。你虽然手头有钱,也要计算计算。风景片寄航空,太不合算了。平时习惯,随便挑一张好看的,写上几句话,当作航空信片寄,也便宜多了。以后寄音乐会招贴,也只消平寄,并写明"印刷品"/Im-primee/(法文)、/Printed Matter/(英文)。

上次黄宾虹画片,买来只有二百万多,到邮局一问,当航空印刷品的寄费却要十一万余,故当场即改作平信寄。这次寄你的手套,一副是大冷天开音乐会等等用的,一副是鹿皮面,绒里子,预备初冬或深秋用的。另外一包书。本来带了两瓶头发水,装了木匣,驻邮局的海关人员说,到波兰时进口税很大,犯不着的,故临时作罢。

寄你的书里,《古诗源选》、《唐五代宋词选》、《元明散曲选》,前面都有序文,写得不坏;你可仔细看,而且要多看几遍;隔些日子温温,无形中可以增加文学史及文学体裁的学识,和外国朋友谈天,也多些材料。谈词、谈曲的序文中都提到中国固有音乐在隋唐时已衰敝,宫廷盛行外来音乐;故真正古乐府(指魏晋两汉的)如何唱法在唐时已不可知。这一点不但是历史知识,而且与我们将来创作音乐也有关系。换句话说,非但现时不知唐宋人如何唱诗、唱词,即使知道了也不能说那便是中国本土的唱法。至于龙沐勋氏在序中

说"唐宋人唱诗唱词，中间常加'泛音'，这是不应该的"（大意如此）；我认为正是相反；加泛音的唱才有音乐可言。后人把泛音填上实字，反而是音乐的大阻碍。昆曲之所以如此费力、做作，中国音乐被文字束缚到如此地步，都是因为古人太重文字，不大懂音乐；懂音乐的人又不是士大夫，士大夫视音乐为工匠之事，所以弄来弄去，发展不出。汉魏之时有《相和歌》，明明是duet［二重唱］的雏形，倘能照此路演进，必然早有polyphonic［复调的］的音乐。不料《相和歌》词不久即失传，故非但无polyphony［复调音乐］，连harmony［和声］也产生不出。真是太可惜了。

文化部决定要办一声乐研究所，叫林伯伯主持。他来信和我再三商榷，决定暂时回上海跟王鹏万医生加深研究喉科医术，一方面教学生，作实验，待一二年后再办声乐研究所。目前他一个人唱独脚戏，如何教得了二三十个以上的学生？他的理论与实验也还不够，多些时间研究，当然可以更成熟；那时再拿出来问世，才有价值。

顾圣婴①暑假后已进乐队，三个月后上面忽然说她中学毕业不进音院，思想有问题，不要她了。这也是岂有此理，大概又是人事科搅出来的。

昨晚请唐云来吃夜饭，看看古画，听他谈谈，颇学得一些知识。此人对艺术甚有见地，人亦高雅可喜，为时下国画家中不可多得之才；可惜整天在美协办公、打杂，创作大受影响。艺术家与行政工作，总是不两立的。不多谈了，希望你多多养神，勿太疲劳！

爸爸　十二月三十一日晚

---

① 中国优秀钢琴家，傅聪青年时期的琴友，生于一九三七年，于十年浩劫的"文革"中迫害致死。

# 一九五五年

## 一月二十六日

亲爱的孩子:

元旦一手扶杖,一手搭在妈妈肩上,试了半步,勉强可走,这两日也就半坐半卧。但和残废一样,事事要人服侍,单独还是一步行不得。大概再要养息一星期方能照常。

早预算新年中必可接到你的信,我们都当作等待什么礼物一般的等着。果然昨天早上收到你(波11)来信,而且是多少可喜的消息。孩子!要是我们在会场上,一定会禁不住涕泗横流的。世界上最高的最纯洁的欢乐,莫过于欣赏艺术,更莫过于欣赏自己的孩子的手和心传达出来的艺术!其次,我们也因为你替祖国增光而快乐!更因为你能借音乐而使多少人欢笑而快乐!想到你将来一定有更大的成就,没有止境的进步,为更多的人更广大的群众服务,鼓舞他们的心情,抚慰他们的创痛,我们真是心都要跳出来了!能够把不朽的大师的不朽的作品发扬光大,传布到地球上每一个角落去,真是多神圣、多光荣的使命!孩子,你太幸福了,天待你太厚了。我更高兴的更安慰的是:多少过分的谀词与夸奖,都没有使你丧失自知之明,众人的掌声、拥抱,名流的赞美,都没有减少你对艺术的谦卑!总算我的教育没有白费,你二十年的折磨没有白受!你能坚强(不为胜利冲昏了头脑是坚强的最好的证据),只要你能坚强,我就一辈子放了心!成就的大小、高低,是不在我们掌握之内的,一半靠人力,一半靠天赋,但只要坚强,就不怕失败,不怕挫折,不怕打击——不管是人事上的、生活上的、技术上的、学习上的——打击;从此以后你可以孤军奋斗了。何况事实上有多少良师益友在周围帮助你,扶掖你。还加上古今的名著,时时刻刻给你精神上的养料!孩子,从今以后,你永远不会孤独的了,即使孤独也不怕的了!

赤子之心这句话,我也一直记住的。赤子便是不知道孤独的。赤子孤独了,会创造一个世界,创造许多心灵的朋友!永远保持赤子之心,到老也不会落伍,永远能够与普天下的赤子之心相接相契相抱!你那位朋友说得不错,艺术表现的动人,一定是从心灵的纯洁来的!不是纯洁到像明镜一般,怎能体会到前人的心灵?怎能打动听众的心灵?

斯曼齐安卡说的萧邦协奏曲的话,使我想起前二信你说Richter[李赫特]弹柴可夫斯基的协奏曲的话。一切真实的成就,必有人真正的赏识。

音乐院院长说你的演奏像流水、像河;更令我想到克利斯朵夫的象征。天舅舅说你小时候常以克利斯朵夫自命;而你的个性居然和罗曼·罗兰的理想有些相像了。河,莱茵,江声浩荡……钟声复起,天已黎明……中国正到了"复旦"的黎明时期,但愿你做中国的——新中国的——钟声,响遍世界,响遍每个人的心!滔滔不竭的流水,流到每个人的心坎里去,把大家都带着,跟你一块到无边无岸的音响的海洋中去吧!名闻世界的扬子江与黄河,比莱茵的气势还要大呢!……黄河之水天上来,奔流到海不复回!……无边落木萧萧下,不尽长江滚滚来!……有这种诗人灵魂的传统的民族,应该有气吞牛斗的表现才对。

你说常在矛盾与快乐之中，但我相信艺术家没有矛盾不会进步，不会演变，不会深入。有矛盾正是生机蓬勃的明证。眼前你感到的还不过是技巧与理想的矛盾，将来你还有反复不已更大的矛盾呢：形式与内容的枘凿，自己内心的许许多多不可预料的矛盾，都在前途等着你。别担心，解决一个矛盾，便是前进一步！矛盾是解决不完的，所以艺术没有止境，没有 perfect［完美，十全十美］的一天，人生也没有 perfect［完美，十全十美］的一天！惟其如此，才需要我们日以继夜，终生的追求、苦练；要不然大家做了羲皇上人，垂手而天下治，做人也太腻了！

我倒不明白你为什么穿绸衬衫。第一，绸衬衫容易皱，第二，欧洲人习惯都不用绸子做衬衫。他们最讲究的也是荷兰细布（近乎府绸一类）。穿上大礼服更是要穿烫得像纸版一般硬的衬衫。照理穿考究衬衫，不能连领子，要另外戴硬领的；袖子也要另外加套钮，不是普通钮扣。你来信都未提，我们做起来倒很为难。

大礼服究竟做了没有？做好了马上得穿上硬衬衫，戴上硬领，关起门来练二三天琴（当然礼服也要穿在身上）。平日我们穿了不做事也怪拘束，一切动作皆不如意。弹琴更苦。我前几封信老问你大礼服的事，便是担心这一点。事前一定要在家试穿好几次，穿了练琴，习惯以后方能上台。要不然临时要吃大苦的。孩子，千万记住！这与你的比赛成绩有关，马虎不得！

第二件事要提醒你：比赛规则上写明，初、复、决三次的分数，最后要加起来总平均的。也许你未细看规则，故特别和你一提。

头发水已托马先生带去了。绸衬衫能赶做好，也给你带去。但这几日是旧历新年，工人都回家，绸衬衫无现成的，必须定制；是否能赶上马先生的行期，不得而知。

送礼的东西，带去不易；送的时候要多考虑，先决定人选，再拣东西。尤其是黄宾翁的山水，必须拣真懂画真爱画的人赠送。齐白石的作品是否有单张印刷品，待过几天妈妈上书店去查问。

今年青年节代表团出国时，我预备托他们带些小骨董。你若需要日用品，可早日来信告知，以便准备。

你一月二十日去华沙，两星期后回克拉可夫，则此信到时，你大概刚回去。

比赛期间，你当然忙；但若能于每个阶段完毕时来一封信，报告一下演奏情形及别人的成绩，我们是当作宝贝看的。有些细节，日子久了会忘掉；在比赛中间告一段落时写，也是保存材料之一法。

（……）

爸爸　一月二十六日　元月初三

## 三月二十日上午

聪，亲爱的孩子：

期待了一个月的结果终于揭晓了，多少夜没有好睡，十九日晚更是神思恍惚，昨（二十日）夜为了喜讯过于兴奋，我们仍没睡着。先是昨晚五点多钟，马太太从北京来长途电话；接着八时许无线电报告（仅至第五名为止），今晨报上又披露了十名的名单。难为你，亲爱的孩子！你没有辜负大家的期望，没有辜负祖国的寄托，没有辜负老师的苦心指导，同时也没辜负波兰师友及广大群众这几个月来对你的鼓励！

也许你觉得应该名次再前一些才好，告诉我，你是不是有"美中不足"之感？可是别忘了，孩子，以你离国前的根基而论，你七个月中已经作了最大的努力，这次比赛也已经do your best［尽力而为］。不但如此，这七个月的成绩已经近乎奇迹。想不到你有这么些才华，想不到你的春天来得这么快，花开得这么美，开到世界的乐坛上放出你的异香。东方升起了一颗星，这么光明，这么纯净，这么深邃；替新中国创造了一个辉煌的世界纪录！我做父亲的一向低估了你，你把我的错误用你的才具与苦功给点破了，我真高兴，我真骄傲，能够有这么一个儿子把我错误的估计全部推翻！妈妈是对的，母性的伟大不在于理智，而在于那种直觉的感情；多少年来，她嘴上不说，心里是一向认为我低估你的能力的；如今她统统向我说明了。我承认自己的错误，但是用多么愉快的心情承认错误：这也算是一个奇迹吧？

　　回想到一九五三年十二月你从北京回来，我同意你去波学习，但不鼓励你参加比赛，还写信给周巍峙要求不让你参加。虽说我一向低估你，但以你那个时期的学力，我的看法也并不全错。你自己也觉得即使参加，未必有什么把握。想你初到海滨时，也不见得有多大信心吧？可见这七个月的学习，上台的经验，对你的帮助简直无法形容，非但出于我们意料之外，便是你以目前和七个月以前的成绩相比，你自己也要觉得出乎意料之外，是不是？

　　今天清早柯子歧打电话来，代表他父亲母亲向我们道贺。子歧说：与其你光得第二，宁可你得第三，加上一个玛祖卡奖。这句话把我们心里的意思完全说中了。你自己有没有这个感想呢？

　　再想到一九四九年第四届比赛的时期，你流浪在昆明，那时你的生活，你的苦闷，你的渺茫的前途，跟今日之下相比，不像是作梦吧？谁想得到，一九五一年回上海时只弹"*Pathetique*" *Sonata* [《"悲怆"奏鸣曲》] 还没弹好的人，五年以后会在国际乐坛的竞赛中名列第三？多少迂回的路，多少痛苦，多少失意，多少挫折，换来你今日的成功！可见为了获得更大的成功，只有加倍努力，同时也得期待别的迂回，别的挫折。我时时刻刻要提醒你，想着过去的艰难，让你以后遇到困难的时候更有勇气去克服，不至于失掉信心！人生本是没穷尽没终点的马拉松赛跑，你的路程还长得很呢：这不过是一个光辉的开场。

回过来说：我过去对你的低估，在某些方面对你也许有不良的影响，但有一点至少是对你有极大的帮助的。惟其我对你要求严格，终不至于骄纵你——你该记得罗马尼亚三奖初宣布时你的愤懑心理，可见年轻人往往容易估高自己的力量。我多少年来把你紧紧拉着，至少养成了你对艺术的严肃的观念，即使偶尔忘形，也极易拉回来。我提这些话，不是要为我过去的做法辩护，而是要趁你成功的时候特别让你提高警惕，绝对不让自满和骄傲的情绪抬头。我知道这也用不着多嘱咐，今日之下，你已经过了这一道骄傲自满的关，但我始终是中国儒家的门徒，遇到极盛的事，必定要有"如临深渊，如履薄冰"的格外郑重、危惧、戒备的感觉。

现在再谈谈实际问题：——

据我们猜测，你这一回还是吃亏在technic［技巧］，而不在于music［音乐］；根据你技巧的根底，根据马先生到波兰后的家信，大概你在这方面还不能达到极有把握的程度。当然难怪你，过去你受的什么训练呢？七个月能有这成绩已是奇迹，如何再能苛求？你几次来信，和在节目单上的批语，常常提到"佳，但不完整"。从这句话里，我们能看出你没有列入第一二名的最大关键。大概马先生到波以后的几天，你在技巧方面又进了一步，要不然，眼前这个名次恐怕还不易保持。在你以后的法、苏、波几位竞争者，他们的技巧也许还胜过你呢？假若比赛是一九五四年夏季举行，可能你是会名落孙山的；假若你过去二三年中就受着杰维茨基教授指导，大概这一回稳是第一；即使再跟他多学半年吧，第二也该不成问题了。

告诉我，孩子，你自己有没有这种感想？

说到"不完整",我对自己的翻译也有这样的自我批评。无论译哪一本书,总觉得不能从头至尾都好;可见任何艺术最难的是"完整"!你提到 perfection [完美],其实 perfection [完美] 根本不存在的,整个人生、世界、宇宙,都谈不上 perfection [完美]。要就是存在于哲学家的理想和政治家的理想之中。我们一辈子的追求,有史以来多少世代的人的追求,无非是 perfection [完美],但永远是追求不到的,因为人的理想、幻想,永无止境,所以 perfection [完美] 像水中月、镜中花,始终可望而不可即。但能在某一个阶段求得总体的"完整"或是比较的"完整",已经很不差了。

为了使你来信有实际的依据,我把一些实际问题分条写在下面,除了你已有来信的提到的以外,你可以逐条答复。(答复时只要写一.二.三.四.,照下面的号数,可以省事些,我留有底稿。)

一.这次你三次得的总分共多少?

二.第一二名的总分各多少?

三.第七名是否Lidia Gryehtolowna?(只要写"是"或"否")

四.第八名是波兰钢琴家,是谁的学生?(只要写教授姓名)

五.玛祖卡奖的奖金有多少?

六.法国人是男的还是女的,是谁的学生?多少年纪?

七.第一二名的年龄知道吗?

八.你对第一二名的评价如何?与你自己比较之下,有何优势劣?

九.这次上台,你有否紧张?

十.比赛时你手的放松程度如何?

十一.穿了大礼服对演奏妨碍否?

十二.台下听众有鼓掌否?各人谢幕情形如何?

十三.比赛时,评判员是否隔着帘幕?

十四．上台是否不报姓名，而是事先编个号数报告的？（第四届比赛是这样的）

十五．杰老师对你的批评如何？对一二奖的批评如何？

十六．Stomka［斯托姆卡］先生对你及一二名的评价如何？

十七．波兰报纸的舆论如何？特别是音乐批评家对一．二．三．四．五名的批评如何？

十八．到波后你一向不弹 Ballade No.4，是否因杰老师觉得你的 Polonaise Fantasy 比 Ballade 更有把握？

十九．你的 Polonaise Fantasy 与 Scherzo 弹得如何？

二十．你的 Etude 成绩如何？

二十一．别国选手中有什么特出的表演？尤其在 interpretation 方面有什么不同的地方？

二十二．上届头奖 Stephanska 及 Smanganka 对你有无批评？

二十三．从比赛中能看出苏联 piano school 有什么特点否？

二十四．日本女子田中清子，是否日文念作 Kyoto Tamaka，是 Lazarre Levy 的学生？

二十五．评判员名单为何不寄来？

二十六．最初一百三十余人，后来变成一百〇六人，结果上台的只有七十四人，经过情形知道否？

二十七．听说第二轮以后，你的第一名呼声极高，是怎么回事？另外有几个最重要的问题：你预备把得奖的钱怎么办？两奖一共有多少兹罗提[①]？以前开音乐会存下的钱又有多少？平日生活费自己要贴多少？在波兰打听过钢琴的价钱吗？

你的礼物分配了没有？除了你说黄宾虹山水要送 Stomka［斯托

---

① 波兰货币名称。

姆卡]以外,杰老师又送了他什么?

你几时回克拉可夫?是否还有别的音乐会?

回去以后千万检查一下自己的衣服、汗衫裤、袜子等等,需要添东西否?另外又需要什么?中央歌舞团今夏要到华沙去,李凌有信来,说有东西带,需六月前寄至北京,时间是很快的,你不要拖延,早早写信来。

以后的学习计划如何?杰老师有否和你谈过?大使馆方面有什么表示否?是否正式进克拉可夫音乐院,也上别的课程否?还是作特别生或研究生专攻钢琴?大概你的波兰文程度还远不能听课吧?

比赛既然过去了,我们希望你每个月能有两封信来。尤其是我希望多知道:(1)国外音乐界的情形;(2)你自己对某些乐曲的感想和心得。千万抽出些功夫来!以后不必再像过去那样日以继夜的扑在琴上。修养需要多方面的进行,技巧也得长期训练,切勿操之过急。静下来多想想也好,而写信就是强迫你整理思想,也是极好的训练。

乐理方面,你打算何时开始?当然,这与你波兰文程度有关。

巴尔扎克的五种小说,你要不要?(《贝姨》、《邦斯舅舅》、《高老头》、《夏倍上校》、《欧也妮·葛朗台》。)

毛楚恩结婚了,星期四(三月二十四日)晚上请我们去锦江吃喜酒。

名强他们都有电话来道喜了,而且都是代表他们的爸爸妈妈呢。沈伯伯亲自来了。预料这一两天的电话也要特别多,家里像办喜事一样。

有什么关于比赛的印刷品,画报上的照片等等(假如是波兰文的,希望批一二句)希望寄些来。

我译的杰教授的文章,收到没有?今天我还得另外写信去谢谢他给你的教导。Eva太太想必含泪拥抱过你几回了。大使馆恐也少不得请你吃顿中国饭,是不是?

  暂时带住,我们,妈妈、弟弟,全都祝贺你,再告诉你一声:我们为了你多快乐,多骄傲!希望你大战之后充分休息!

爸爸 三月二十日上午

  复信时把此信放在手头,看一段复一段,那么就不会遗漏什么了!

## 三月二十七日夜

聪:

  为你参考起见,我特意从一本专论莫扎特的书里译出一段给你。另外还有罗曼·罗兰论莫扎特的文字,来不及译。不知你什么时候学莫扎特?萧邦在写作的 taste[品味,鉴赏力]方面,极注意而且极感染莫扎特的风格。刚弹完萧邦,接着研究莫扎特,我觉得精神血缘上比较相近。不妨和杰老师商量一下,你是否可在贝多芬第四弹好以后,接着上手莫扎特?等你快要动手时,先期来信,我再寄罗曼·罗兰的文字给你。

  从我这次给你的译文中,我特别体会到,莫扎特的那种温柔妩媚,所以与浪漫派的温柔妩媚不同,就是在于他像天使一样的纯洁,毫无世俗的感伤或是靡靡的sweetness[甜腻]。神明的温柔,当然与凡人的不同,就是达·芬奇与拉斐尔的圣母,那种妩媚的笑容决非尘世间所有的。能够把握到什么叫做脱尽人间烟火的温馨甘美,什么叫做天真无邪的爱娇,没有一点儿拽心,没有一点儿情欲的骚乱,那么我想表达莫扎特可以"虽不中,不远矣"。你觉得如何?往往十四五岁到十六七岁的少年,特别适应莫扎特,也是因为他们童心没有受过沾染。

将来你预备弹什么近代作家,望早些安排,早些来信;我也可以供给材料。在精神气氛方面,我还有些地方能帮你忙。

我再要和你说一遍:平日来信多谈谈音乐问题。你必有许多感想和心得,还有老师和别的教授们的意见。这儿的小朋友们一个一个都在觉醒,苦于没材料。他们常来看我,和我谈天;我当然要尽量帮助他们。你身在国外,见闻既广,自己不断的在那里进步,定有不少东西可以告诉我们。同时一个人的思想是一边写一边谈出来的,借此可以刺激头脑的敏捷性,也可以训练写作的能力与速度。此外,也有一个道义的责任,使你要尽量的把国外的思潮向我们报道。一个人对人民的服务不一定要站在大会上演讲或是做什么惊天动地的大事业,随时随地,点点滴滴的把自己知道的、想到的告诉人家,无形中就是替国家播种、施肥、垦植!孩子,你千万记住这些话,多多提笔!

你究竟何时回克拉可夫,我们寄信很为难。寄大使馆转,恐怕多耽搁日子;寄克拉可夫,又怕长时间搁在门房里。

我前信(28号)上的问题,务望逐条检查,将已于前信中提到的用铅笔划掉,余下的都希望回答。这几天确实引颈而望等你的详细报道!你单写一封信决谈不完比赛的花絮;别自己找理由推诿,你看看我们为你花的时间吧!

黄宾虹先生于本月二十五日在杭患胃癌逝世,享寿九十二岁。以艺术家而论,我们希望他活到一百岁呢。去冬我身体不好,中间摔了一跤,很少和他通信;只是在十一月初到杭州去,连续在他家看了两天画,还替他拍了照,不料竟成永诀。听说他病中还在记挂我,跟不认识我的人提到我。我听了非常难过,得信之日,一晚没睡好。

从比赛揭晓到现在，整整一星期，我没有好好工作，也没有充分的休息；当然心里始终是非常快乐的。所以这封信也不再拉长了。等你来信后再写吧。你休息了没有？谁都要转告你，注意身体！

爸爸 三月二十七日夜

## 四月一日晚／三日

聪：

我们天天计算，假定二十二日你发信，昨天就该收到；假定二十三日发，今天也应到了。奇怪，怎么二十日给奖，你二十三日还没寄家信呢？迟迟无消息，我又要担心你不要紧张过度，身体不舒服吧？自从一月二十五日收到你第十信（你是一月十六日发的）以后，两个月零一星期，没有你只字片纸，我们却给了你七封信。一月二十六发（波23）、三十日发（波24）、二月九日发（波25）、二十七日发（波26）、三月十六日发（波27）、三月二十一日发（波28）、三月二十八日发（波29）。其间还寄出印刷品与包裹：二月一日寄绸衬衫三件、印刷品三件（纸筒二、包一），三月四日寄杰教授原作译文一篇，三月十六日寄新译的服尔德著《老实人》一册。还有十二月二十八日寄你的皮手套二副、书一包，你也从来没提，究竟收到没有？海关上付税没有？

我知道你忙，可是你也知道我未尝不忙，至少也和你一样忙。我近七八个月身体大衰，跌跤后已有两个半月，腿力尚未恢复，腰部酸痛更是厉害。但我仍硬撑着工作，写信，替你译莫扎特等等都是拿休息时间，忍着腰痛来做的。孩子，你为什么老叫人牵肠挂肚呢？预算你的信该到的时期，一天不到，我们精神上就一天不得安定。

我们又猜想,也许马思聪先生回来,可能带信来,但他究竟何时离开华沙?假定二十五日以后离波,难道你也要到那时才给我们写信吗?照片及其他文件剪报等等,因为厚重,交马先生带当然很好,省却许多航空邮费。但报告比赛详情的信总不会那么迟才动笔吧?要说音乐会,至早也得与比赛相隔一个星期,那你也不至于比赛完了,又忙得无暇写信。那又究竟是什么道理呢?难道两个多月不写家信这件事,对你不是一件精神负担吗?难道你真的身子不舒服吗?

　　我们历来问你讨家信,就像讨情一般。你该了解你爸爸的脾气,别为了写信的事叫他多受屈辱,好不好?

　　我把纪念册上的纪录作了一个统计:发觉萧邦比赛,历届中进入前五名的,只有波、苏、法、匈、英、中六个国家。德国只有第三届得了一个第六,奥国第二届得了一个第十,意大利第二届得了一个第二十四。可见与萧邦精神最接近的是斯拉夫民族。其次是匈牙利和法国。纯粹日耳曼族或纯粹拉丁族都不行。法国不能算纯粹拉丁族。奇怪的是连修养极高极博的大家如 Busoni［布索尼］生平也未尝以弹奏萧邦知名。德国十九世纪末期,出了那些大钢琴家,也没有一个弹萧邦弹得好的。

　　但这还不过是个人悬猜,你在这次比赛中实地接触许多国家的选手,也听到各方面的批评,想必有些关于这个问题的看法,可以告诉我。

四月一日晚

　　今日接马先生(三十日)来信,说你要转往苏联学习,又说已与文化部谈妥,让你先回国演奏几场;最后又提到预备叫你参加明年二月德国的Schumann［舒曼］比赛。

我认为回国一行，连同演奏，至少要花两个月；而你还要等波兰的零星音乐会结束以后方能动身。这样，前前后后要费掉三个多月。这在你学习上是极大的浪费。尤其你技巧方面还要加工，倘若再想参加明年的Schumann［舒曼］比赛，他的技巧比萧邦的更麻烦，你更需要急起直追。与其让政府花了一笔来回旅费而耽误你几个月学习，不如叫你在波兰灌好唱片（像我前信所说）寄回国内，大家都可以听到，而且是永久性的；同时也不妨碍你的学业。我们做父母的，在感情上极希望见见你，听到你这样成功的演奏，但为了你的学业，我们宁可牺牲这个福气。我已将此意写信告诉马先生，请他与文化部从长考虑。我想你对这个问题也不会不同意吧？

其次，转往苏联学习一节，你从来没和我们谈过。你去波以后我给你二十九封信，信中表现我的态度难道还使你不敢相信，什么事都可以和我细谈、细商吗？你对我一字不提，而托马先生直接向中央提出，老实说，我是很有自卑感的，因为这反映你对我还是不放心。大概我对你从小的不得当、不合理的教育，后果还没有完全消灭。你比赛以后一直没信来，大概心里又有什么疙瘩吧！马先生回来，你也没托带什么信，因此我精神上的确非常难过，觉得自己功不补过。现在谁都认为（连马先生在内）你今日的成功是我在你小时候打的基础，但事实上，谁都不再对你当前的问题再来征求我一分半分意见；是的，我承认老朽了，不能再帮助你了。

可是我还有几分自大的毛病，自以为看事情还能比你们青年看得远一些，清楚一些。同时我还有过分强的责任感，这个责任感使我忘记了自己的老朽，忘记了自己帮不了你忙而硬要帮你忙。

所以倘使下面的话使你听了不愉快，使你觉得我不了解你，不了解你学习的需要，那么请你想到上面两个理由而原谅我，请你原谅我是人，原谅我抛不开天下父母对子女的心。

一个人要做一件事，事前必须考虑周详。尤其是想改弦易辙，丢开老路，换走新路的时候，一定要把自己的理智做一个天平，把老路与新路放在两个盘里很精密的称过。现在让我来替你做一件工作，帮你把一项项的理由，放在秤盘里：

〔甲盘〕

（一）杰老师过去对你的帮助是否不够？假如他指导得更好，你的技术是否还可以进步？

（二）六个月在波兰的学习，使你得到这次比赛的成绩，你是否还不满意？

（三）波兰得第一名的，也是杰老师的学生，他得第一的原因何在？

（四）技术训练的方法，波兰派是否有毛病，或者不完全？

（五）技术是否要靠时间慢慢的提高？

（六）除了萧邦以外，对别的作家的了解，波兰的教师是否不大使你佩服？

（七）去年八月周小燕在波兰知道杰老师为了要教你，特意训练他的英语，这点你知道吗？

〔乙盘〕

（一）苏联的教授法是否一定比杰老师的高明？技术上对你可以有更大的帮助？

（二）假定过去六个月在苏联学，你是否觉得这次的成绩可以更好？名次更前？

（三）苏联得第二名的，为什么只得一个第二？

（四）技术训练的方法，在苏联是否一定胜过任何国家？

（五）苏联是否有比较快的方法提高？

（六）对别的作家的了解，是否苏联比别国也高明得多？

（七）苏联教授是否比杰老师还要热烈？

〔一般性的〕

（八）以你个人而论，是否换一个技术训练的方法，一定还能有更大的进步？所以对第（二）项要特别注意，你是否觉得以你六个月的努力，倘有更好的方法教你，你是否技术上可以和别人并驾齐驱，或是更接近？

（九）以学习Schumann［舒曼］而论，是否苏联也有特殊优越的条件？

（十）过去你盛称杰老师教古典与近代作品教得特别好，你现在是否改变了意见？

（十一）波兰居住七个月来的总结，是不是你的学习环境不大理想？苏联是否在这方面更好？

（十二）波兰各方面对你的关心、指点，是否在苏联同样可以得到？

（十三）波兰方面一般带着西欧气味，你是否觉得对你的学习不大好？

这些问题希望你平心静气，非常客观的逐条衡量，用"民主表决"的方法，自己来一个总结，到那时再作决定。总之，听不听由你，说不说由我。你过去承认我"在高山上看事情"，也许我是近视眼，看出来的形势都不准确。但至少你得用你不近视的眼睛，来检查我看到的是否不准确。果然不准确的话，你当然不用，也不该听我的。

假如你还不以为我顽固落伍，而愿意把我的意见加以考虑的话，那对我真是莫大的"荣幸"了！等到有一天，我发觉你处处比我看得清楚，我第一个会佩服你，非但不来和你"缠夹二"乱提意见，而且还要遇事来请教你呢！目前，第一不要给我们一个闷葫芦！磨难人最厉害的莫如 unknown［不知］和 uncertain［不定］！对别人同情之前，对父母先同情一下吧！

爸爸　四月三日

## 四月二十一日夜

孩子：

能够起床了，就想到给你写信。

邮局把你比赛后的长信遗失，真是害人不浅。我们心神不安半个多月，都是邮局害的。三月三十日是我的生日，本来预算可以接到你的信了。到四月初，心越来越焦急，越来越迷糊，无论如何也想不通你始终不来信的原因。到四月十日前后，已经根本抛弃希望，似乎永远也接不到你的家信了。

四月十日上午九时半至十一时，听北京电台广播你弹的 *Berceuse* ［《摇篮曲》］和一支 *Mazurka* ［《玛祖卡》］，一边听，一边说不出有多少感触。耳朵里听的是你弹的音乐，可是心里已经没有把握孩子对我们的感情怎样——否则怎么会没有信呢？——真的，孩子，你万万想不到我跟你妈妈这一个月来的精神上的波动，除非你将来也有了孩子，而且也是一个像你这样的孩子！马先生三月三十日就从北京寄信来，说起你的情形，可见你那时身体是好的，那么迟迟不写家信更叫我们惶惑"不知所措"了。何况你对文化部提了要求，对我连一个字也没有：难道又不信任爸爸了吗？这个疑问给了我最大的痛苦，又使我想到舒曼痛惜他父亲早死的事，又想到莫扎特写给他父亲的那些亲切的信：其中有一封信，是莫扎特离开了 *Salzburg* ［萨尔茨堡］大主教，受到父亲责难，莫扎特回信说：

"是的，这是一封父亲的信，可不是我的父亲的信！"

聪，你想，我这些联想对我是怎样的一种滋味！四月三日（第

30号）的信，我写的时候不知怀着怎样痛苦、绝望的心情，我是永远忘不了的。妈妈说的："大概我们一切都太顺利了，太幸福了，天也嫉妒我们，所以要给我们受这些挫折！"要不这样说，怎么能解释邮局会丢失这么一封要紧的信呢？

你那封信在我们是有历史意义的，在我替你编录的"学习经过"和"国外音乐报道"（这是我把你的信分成的类别，用两本簿子抄下来的），是极重要的材料。我早已决定，我和你见了面，每次长谈过后，我一定要把你谈话的要点记下来。为了青年朋友们的学习，为了中国这么一个处在音乐萌芽时代的国家，我做这些笔记是有很大的意义的。所以这次你长信的失落，逼得我留下一大段空白，怎么办呢？

可是事情不是没有挽回的。我们为了丢失那封信，二十多天的精神痛苦，不能不算是付了很大的代价；现在可不可以要求你也付些代价呢？只要你每天花一小时的工夫，连续三四天，补写一封长信给我们，事情就给补救了。而且你离开比赛时间久一些，也许你一切的观感倒反客观一些。我们极需要知道你对自己的演出的评价，对别人的评价——尤其是对于前四五名的。我一向希望你多发表些艺术感想，甚至对你弹的 Chopin［萧邦］某几个曲子的感想。我每次信里都谈些艺术问题，或是报告你国内乐坛消息，无非想引起你的回响，同时也使你经常了解国内的情形。

你每次要东西，我们无不立刻商量，上哪儿买，找哪种货；然后妈妈立刻出动，有时她出去看了回来，再和我一同去买。但是你收到以后从来不提，连是否收到我们都没有把握。我早告诉你，收到东西，光是寄一张航空明信片也行。

托马先生带给你的礼物，其中重要的几件是怎样分配的，你也从未报告。

还有一件挺重要的事,就是你得的奖金共有多少?如何存放?过去你音乐会收入项下,除去每月贴在零用方面的以外,还剩多少?我查问你这些,无非因为你不大会理财;其实即使你会理财,也应当告诉我们听听。

比赛委员会在三月底就寄来program［目录］一册、纪念册(英、法文的各一册),中文的比赛招贴两大张,这些想必是杰老师嘱咐的。你看人家对我这样周到!这当然也是因为你的缘故!

你说要回来,马先生信中说文化部同意(三月三十日信)你回来一次表演几场;但你这次(四月九日)的信和马先生的信,都叫人看不出究竟是你要求的呢,还是文化部主动的?我认为以你的学习而论,回来是大大的浪费。但若你需要休息,同时你绝对有把握耽搁三四个月不会影响你的学习,那么你可以相信,我和你妈妈未有不欢迎的!在感情的自私上,我们最好每年能见你一面呢!

至于学习问题,我并非根本不赞成你去苏联;只是觉得你在波兰还可以多耽二三年,从波兰转苏联,极方便;再要从苏联转波兰,就不容易了!这是你应当考虑的。但若你认为在波兰学习环境不好,或者杰老师对你不相宜,那么我没有话说,你自己决定就是了。但决定以前,必须极郑重、极冷静,从多方面、从远处大处想周到。

你去年十一月中还说:"希望比赛快快过去,好专攻古典和近代作品。杰老师教出来的古典真叫人佩服。"难道这几个月内你这方面的意见完全改变了吗?

倘说技巧问题,我敢担保,以你的根基而论,从去年八月到今年二月的成就,无论你跟世界上哪一位大师哪一个学派学习,都不可能超出这次比赛的成绩!你的才具,你的苦功,这一次都已发挥到最高度,老师教你也施展出他所有的本领和耐性!你可曾研究过program［节目单］上人家的学历吗?我是都仔细看过了的;我敢说所有参加比赛的人,除了非洲来的以外,没有一个人的学历像你这样可怜的,——换句话说,跟到名师只有六七个月的竞选人,你是独一无二的例外!所以我在三月二十一日(第28号)信上就说拿你的根基来说,你的第三名实际是远超过了第三名。说得再明白些,你想:Harasiewicz[哈拉谢维兹]①Askenasi[阿什肯纳奇]②,Ringeissen[林格森]③,这几位,假如过去学琴的情形和你一样,只有十至十二岁半的时候,跟到一个Paci[百器],十七至十八岁跟到一个 Bronstein[勃隆斯丹],再到比赛前七个月跟到一个杰维茨基,你敢说:他们能获得第三名和 *Mazurka*[《玛祖卡》]奖吗?

我说这样的话,绝对不是鼓励你自高自大,而是提醒你过去六七个月,你已经尽了最大的努力,杰老师也尽了最大的努力。假如你以为换一个school[学派],你六七个月的成就可以更好,那你就太不自量,以为自己有超人的天才了。一个人太容易满足固然不行,太不知足而引起许多不现实的幻想也不是健全的!这一点,我想也只有我一个人会替你指出来。假如我把你意思误会了(因为你的长信失落了,也许其中有许多理由,关于这方面的),那么你不妨把我的话当作"有则改之,无则加勉"。爸爸一千句、一万句,无非是为你好,为你个人好,也就是为我们的音乐界好,也就是为我们的祖国、人民以及全世界的人类好!

我知道克利斯朵夫(晚年的)和乔治之间的距离,在一个动荡的时代是免不了的。但我还不甘落后,还想事事、处处追上你们、了解你们,从你们那儿汲取新生命、新血液、新空气,同时也想竭力把我们的经验和冷静的理智,献给你们,做你们一支忠实的手杖!

---

① 参赛的波兰选手,获第一名。
② 参赛的前苏联选手,获第二名。
③ 参赛的法国选手。

万一有一天，你们觉得我这根手杖是个累赘的时候，我会感觉到，我会销声匿迹，决不来绊你们的脚！

你有一点也许还不大知道。我一生遇到重大的问题，很少不是找几个内行的、有经验的朋友商量的；反之，朋友有重大的事也很少不来找我商量的。我希望和你始终能保持这样互相帮助的关系。

杰维茨基教授四月五日来信说："聪很少和我谈到将来的学习计划。我只知道他与苏联青年来往甚密，他似乎很向往于他们的学派。但若聪愿意，我仍是很高兴再指导他相当时期。他今后不但要在技巧方面加工，还得在情绪（emotion）和感情（sentimento）的平衡方面多下克制功夫（这都是我近二三年来和你常说的）；我预备教他一些less romantic［较不浪漫］的东西，即巴赫、莫扎特、斯卡拉蒂、初期的贝多芬等等。"

他也提到你初赛的tempo［速度］拉得太慢，后来由马先生帮着劝你，复赛效果居然改得多等等。你过去说杰老师很cold［冷漠］，据他给我的信，字里行间都流露出热情，对你的热情。我猜想他有些像我的性格，不愿意多在口头奖励青年。你觉得怎么样？

（……）

爸爸　四月二十一日夜

## 五月八日—九日

从原信编码看，应有四页。由于傅聪在外几经变迁，现仅剩第一页和第四页。

孩子：

昨晚有匈牙利的flutist［长笛演奏家］和pianist［钢琴家］的演奏会，作协送来一张票子，我腰酸不能久坐，让给阿敏去了。他回来说pianist弹的不错，就是身体摇摆得太厉害。因而我又想起了Richter［李赫特］在银幕扮演李斯特的情形。我以前跟你提过，不知李赫特平时在台上是否也摆动很厉害？这问题，正如多多少少其他的问题一样，你没有答复我。记得马先生二月十七日从波兰写信给王棣华，提到你在琴上"表情十足"。不明白他这句话是指你的手下表达出来的"表情十足"呢，还是指你身体的动作？因为你很钦佩Richter［李赫特］，所以我才怀疑你从前身体多摇动的习惯，不知不觉的又恢复过来，而且加强了。这个问题，我记得在第二十六（或二十七）信内和你提过，但你也至今不答复。

说到"不答复"，我又有了很多感慨。我自问：长篇累牍的给你写信，不是空唠叨，不是莫名其妙的 gossip ［说长道短］，而是有好几种作用的。第一，我的确把你当作一个讨论艺术、讨论音乐的对手；第二，极想激出你一些青年人的感想，让我做父亲的得些新鲜养料，同时也可以间接传布给别的青年；第三，借通信训练你的——不但是文笔，而尤其是你的思想；第四，我想时时刻刻，随处给你做个警钟，做面"忠实的镜子"，不论在做人方面，在生活细节方面，在艺术修养方面，在演奏姿态方面。我做父亲的只想做你的影子，既要随时随地帮助你、保护你，又要不让你对这个影子觉得厌烦。但我这许多心愿，尽管我在过去的三十多封信中说了又说，你都似乎没有深刻的体会，因为你并没有适当的反应，就是说：尽量给我写信，"被动的"对我说的话或是表示赞成，或是表示异议，也很少"主动的"发表你的主张或感想——特别是从十二月以后。

你不是一个作家，从单纯的职业观点来看，固无须训练你的文笔。但除了多写之外，以你现在的环境，怎么能训练你的思想、你的理智、你的intellect［才智］呢？而一个人思想、理智、intellect［才智］的训练，总不能说不重要吧？多少读者来信，希望我多跟他们通信；可惜他们的程度与我相差太远，使我爱莫能助。你既然具备了足够的条件，可以和我谈各式各种的问题，也碰到我极热烈的渴望和你谈这些问题，而你偏偏很少利用！孩子，一个人往往对有在手头的东西（或是机会，或是环境，或是任何可贵的东西）不知珍惜，直到要失去了的时候再去后悔！这是人之常情，但我们不能因为是人之常情而宽恕我们自己的这种愚蠢，不想法去改正。

你不是抱着一腔热情，想为祖国、为人民服务吗？而为祖国、为人民服务是多方面的，并不限于在国外为祖国争光，也不限于用音乐去安慰人家——虽然这是你最主要的任务。我们的艺术家还需要把自己的感想、心得，时时刻刻传达给别人，让别人去作为参考的或者是批判的资料。你的将来，不光是一个演奏家，同时必须兼做教育家；所以你的思想，你的理智，更其需要训练，需要长时期的训练。我这个可怜的父亲，就在处处替你作这方面的准备，而且与其说是为你作准备，还不如说为中国音乐界作准备更贴切。孩子，一个人空有爱同胞的热情是没用的，必须用事实来使别人受到我的实质的帮助，这才是真正的道德实践。别以为我们要求你多写信是为了父母感情上的自私——其中自然也有一些，但决不是主要的。你很知道你一生受人家的帮助是应当用行动来报答的；而从多方面去锻炼自己就是为报答人家作基本准备。

你现在弹琴有时还要包橡皮膏或涂 paraffine oil [石蜡油] 么？是不是手放松了可以不损坏手指尖？

（……）

又及

## 五月十一日

亲爱的孩子:

　　三十五号信发出后,本来预备接着再写,和你讨论两个艺术的技术问题,因为这两天忙着替你理乐谱,写信给罗忠镕,又为你冬天的皮鞋出去试尺寸(非要以我的脚去试不可),所以耽下来尚未动笔。今晨又接五月二日来信,倒使我急了。孩子,别担心,你四月二十九、三十两信写得非常彻底,你的情形都报告明白了。我们决无误会。①过去接不到你的信固然是痛苦,可一旦有了你的长信,明白了底细,我们哪里还会对你有什么不快,只有同情你,可怜你补写长信,又开了通宵的"夜车",使我们心里老大的不忍。你出国七八个月,写回来的信并没什么过火之处,偶尔有些过于相信人或是怀疑人的话,我也看得出来,也会打些小折扣。一个热情的人,尤其是青年,过火是免不了的;只要心地善良、正直,胸襟宽,能及时改正自己的判断,不固执己见,那就很好了。你不必多责备自己,只要以后多写信,让我们多了解你的情况,随时给你提提意见,那就比空自内疚、后悔挽救不了的"以往",有意思多了。你说写信退步,我们都觉得你是进步。你分析能力比以前强多了,态度也和平得很。爸爸看文字多么严格,从文字上挑剔思想又多么认真,不会随便夸奖你的。

　　(……)

　　转苏学习一点,目前的确不很相宜。政府最先要考虑到邦交,你是波政府邀请去学习的,我政府正式接受之后,不上一年就调到

---

① 傅聪于一九五五年三月二十日比赛结束后举行获奖演奏会,二十一和二十二日又有音乐会和宴会。二十三日上扎科帕内山区休假,通宵写了一封长信,二十四日托人发出,结果家中未收到。无奈于四月二十九日和三十日重写。

别国，对波政府的确有不大好的印象。你是否觉得跟斯托姆卡①学technic［技巧］还是不大可靠？我的意思，倘若technic［技巧］基本上有了method［方法］，彻底改过了，就是已经上了正轨，以后的 technic［技巧］却是看自己长时期的努力了。我想经过三四年的苦功，你的technic［技巧］不见得比苏联的一般水准（不说最特出的）差到哪里。即如H.②和Smangianka［斯曼齐安卡］，前者你也说他技巧很好，后者我们亲自领教过了，的确不错。像Askenasi［阿什肯纳奇］——这等人，天生在technic［技巧］方面有特殊才能，不能作为一般的水准。所以你的症结是先要有一个好的方法，有了方法，以后靠你的聪明与努力，不必愁在这方面落后，即使不能希望和 Horowitz［霍洛维茨］那样高明。因为以你的个性及长处，本来不是 virtuoso［以技巧精湛著称的演奏家］的一型。总结起来，你现在的确非立刻彻底改technic［技巧］不可，但不一定非上苏联不可。将来倒是为了音乐，需要在苏逗留一个时期。再者，人事问题到处都有，无论哪个国家，哪个名教授，到了一个时期，你也会觉得需要更换，更换的时节一定也有许多人事上及感情上的难处。

假定杰老师下学期调华沙是绝对肯定的，那么你调换老师很容易解决。我可以写信给他，说"我的意思你留在克拉可夫比较环境安静，在华沙因为中国代表团来往很多，其他方面应酬也多，对学习不大相宜，所以总不能跟你转往华沙，觉得很遗憾，但对你过去的苦心指导，我和聪都是十二分感激"等等。（目前我听你的话，决不写信给他，你放心。）

假定杰老师调任华沙的事，可能不十分肯定，那么先要知道杰

---

① 波兰著名钢琴教授。
② 即 Harasiewicz［哈拉谢维兹］。

老师和 Sztomka［斯托姆卡］感情如何。若他们不像Levy［莱维］①与Long［朗］②那样的对立,那么你可否很坦白、很诚恳的,直接向杰老师说明,大意如下:

"您过去对我的帮助,我终生不能忘记。您对古典及近代作品的理解,我尤其佩服得不得了。本来我很想跟您在这方面多多学习,无奈我在长时期的、一再的反省之下,觉得目前最急切的是要彻底的改一改我的technic［技巧］,我的手始终没有放松;而我深切的体会到方法不改将来很难有真正的进步;而我的年龄已经在音乐技巧上到了一个critical age［要紧关头］,再不打好基础,就要来不及了,所以我想暂时跟斯托姆卡先生把手的问题彻底解决。希望老师谅解,我决不是忘恩负义(ungrateful);我的确很真诚的感谢您,以后还要回到您那儿请您指导的。"我认为一个人只要真诚,总能打动人的;即使人家一时不了解,日后仍会了解的。我这个提议,你觉得如何?因为我一生做事,总是第一坦白,第二坦白,第三还是坦白。绕圈子,躲躲闪闪,反易叫人疑心;你要手段,倒不如光明正大,实话实说,只要态度诚恳、谦卑、恭敬,无论如何人家不会对你怎的。我的经验,和一个爱弄手段的人打交道,永远以自己的本来面目对付,他也不会用手段对付你,倒反看重你的。你不要害怕,不要羞怯,不要不好意思;但话一定要说得真诚老实。既然这是你一生的关键,就得拿出勇气来面对事实,用最光明正大的态度来应付,无须那些不必要的顾虑,而不说真话!就是在实际做的时候,要注意措辞及步骤。只要你的感情是真实的,别人一定会感觉到,不会误解的。你当然应该向杰老师表示你的确很留恋他,而且有"鱼与熊掌不可得兼"的遗憾。即使杰老师下期一定调任,最好你也现在就和他

---

① 恩斯特・莱维(Ernst Levy),瑞士钢琴家。
② 玛格丽特・朗(Marguerite Long),法国钢琴家。

说明；因为至少六月份一个月你还可以和斯托姆卡学 technic［技巧］，一个月，在你是有很大出入的！

以上的话，希望你静静的想一想，多想几回。

另外你也可向 Eva［埃娃］太太讨主意，你把实在的苦衷跟她谈一谈，征求她的意见，把你直接向杰老师说明的办法问问她。

最后，倘若你仔细考虑之后，觉得非转苏学习不能解决问题，那么只要我们的政府答应（只要政府认为在中波邦交上无影响），我也并不反对。

你考虑这许多细节的时候，必须心平气和，精神上很镇静，切勿烦躁，也切勿焦急。有问题终得想法解决，不要怕用脑筋。我历次给你写信，总是非常冷静、非常客观的。惟有冷静与客观，终能想出最好的办法。

对外国朋友固然要客气，也要阔气，但必须有分寸。像西卜太太之流，到处都有，你得提防。巴尔扎克小说中人物，不是虚造的。人的心理是：难得收到的礼，是看重的，常常得到的不但不看重，反而认为是应享的权利，临了非但不感激，倒容易生怨望。所以我特别要嘱咐你"有分寸"！

以下要谈两件艺术的技术问题：

恩德又跟了李先生学，李先生指出她不但身体动作太多，手的动作也太多，浪费精力之外，还影响到她的 technic［技巧］和 speed［速度］，以及 tone［音质］的深度。记得裘伯伯也有这个毛病，一双手老是扭来扭去。我顺便和你提一提，你不妨检查一下自己。关于身体摇摆的问题，我已经和你谈过好多次，你都没答复，下次来信务必告诉我。

其次是，有一晚我要恩德随便弹一支 Brahms［勃拉姆斯］的 *Intermezzo*［《间奏曲》］，一开场 tempo［节奏］就太慢，她一边哼唱一边坚持说不慢。后来我要她停止哼唱,只弹音乐,她弹了二句,马上笑了笑,把tempo[节奏]加快了。由此证明,哼唱有个大缺点,容易使tempo[节奏]不准确。哼唱是个极随意的行为,快些,慢些,吟哦起来都很有味道;弹的人一边哼一边弹,往往只听见自己哼的调子,觉得很自然很舒服,而没有留神听弹出来的音乐。我特别报告你这件小事,因为你很喜欢哼的。我的意思,看谱的时候不妨多哼,弹的时候尽量少哼,尤其在后来,一个曲子相当熟的时候,只宜于"默唱",暗中在脑筋里哼。

此外,我也跟恩德提了以下的意见:

自己弹的曲子,不宜尽弹,而常常要停下来想想,想曲子的 picture[意境,境界],追问自己究竟要求的是怎样一个境界,这是使你明白 what you want[你所要的是什么],而且先在脑子里推敲曲子的结构、章法、起伏、高潮、低潮等等。尽弹而不想,近乎 improvise[即兴表演],弹到哪里算哪里,往往一个曲子练了二三个星期,自己还说不出哪一种弹法(interpretation)最满意,或者是有过一次最满意的interpretation[弹法],而以后再也找不回来(这是恩德常犯的毛病)。假如照我的办法做,一定可能帮助自己的感情更明确而且稳定!

其次,到先生那儿上过课以后,不宜回来马上在琴上照先生改的就弹,而先要从头至尾细细看谱,把改的地方从整个曲子上去体会,得到一个新的 picture[境界],再在琴上试弹,弹了二三遍,停下来再想再看谱,把老师改过以后的曲子的表达,求得一个明确的 picture[境界]。然后再在脑子里把自己原来的 picture[境界]与老师改过以后的picture[境界]做个比较,然后再在琴上把两种不同的境界试弹,细细听,细细辨,究竟哪个更好,还是部分接受老师的,还是全盘接受,还是全盘不接受。不这样做,很容易"只见其小，不见其大"，光照了老师的一字一句修改，可能通篇不连贯，失去脉络，弄得支离破碎，非驴非马，既不像自己，又不像老师，把一个曲子搞得一团糟。

我曾经把上述两点问李先生觉得如何，她认为是很内行的意见，不知你觉得怎样？

你二十九信上说 Michelangeli［米开兰琪利］至少在"身如rock［磐石］"一点上使我很向往。这是我对你的期望——最殷切的期望之一！惟其你有着狂热的感情，无穷的变化，我更希望你做到身如rock［磐石］，像统率三军的主帅一样。这用不着老师讲，只消自己注意，特别在心理上，精神上，多多修养，做到能入能出的程度。你早已是"能入"了，现在需要努力的是"能出"！那我保证你对古典及近代作品的风格及精神，都能掌握得很好。

你来信批评别人弹的萧邦，常说他们cold［冷漠］。我因此又想起了以前的念头：欧洲自从十九世纪，浪漫主义在文学艺术各方面到了高潮以后，先来一个写实主义与自然主义的反动（光指文学与造型艺术言），接着在二十世纪前后更来了一个普遍的反浪漫底克思潮。这个思潮有两个表现：一是非常重感官（sensual），在音乐上的代表是R.Strauss［理查·施特劳斯］，在绘画上是马蒂斯；一是非常的intellectual［理智］，近代的许多作曲家都如此，绘画上的Picasso［毕加索］亦可归入此类。近代与现代的人一反十九世纪的思潮，另走极端，从过多的感情走到过多的mind［理智］的路上去了。演奏家自亦不能例外。萧邦是个半古典半浪漫底克的人，所以现代青年都弹不好。反之，我们中国人既没有上一世纪像欧洲那样的浪漫底克狂潮，民族性又是颇有olympic［奥林匹克］（希腊艺术的最高理想）精神，同时又有不太过分的浪漫底克精神，如汉魏的诗人，如李白，如杜甫（李后主算是最romantic［浪漫底克］

的一个，但比起西洋人，还是极含蓄而讲究 taste［品味，鉴赏力］的)，所以我们先天的具备表达萧邦相当优越的条件。

我这个分析，你认为如何？

反过来讲，我们和欧洲真正的古典，有时倒反隔离得远一些。真正的古典是讲雍容华贵，讲 graceful［雍容］，elegant［典雅］，moderate［中庸］。但我们也极懂得 discreet［含蓄］，也极讲中庸之道，一般青年人和传统不亲切，或许不能把握这些，照理你是不难体会得深刻的。有一点也许你没有十分注意，就是欧洲的古典还多少带些宫廷气味，路易十四式的那种宫廷气味。

对近代作品，我们很难和欧洲人一样的浸入机械文明，也许不容易欣赏那种钢铁般的纯粹机械的美，那种"寒光闪闪"的 brightness［光芒］，那是纯理智、纯 mind［智性］的东西。

(……)

爸爸、妈妈　五月十一日

## 五月十六日

此信应有三页，现仅存第二页。

你现在对杰老师的看法也很对。"做人"是另外一个问题，与教学无关。对谁也不能苛求。你能继续跟杰老师上课，我很赞成，千万不要驼子摔跤，两头不着。有个博学的老师指点，总比自己摸索好，尽管他有些见解与你不同。但你还年轻，musical literature［音乐文献］的接触真是太有限了，乐理与曲体的知识又是几乎等于零，更需要虚心一些，多听听年长的，尤其是一个 scholarship［学术成就，学问修养］很高的人的意见。

有一点，你得时时刻刻记住：你对音乐的理解，十分之九是凭你的审美直觉；虽则靠了你的天赋与民族传统，这直觉大半是准确的，但究竟那是西洋的东西，除了直觉以外，仍需要理论方面的，逻辑方面的，史的发展方面的知识来充实；即使是你的直觉，也还要那些学识来加以证实，自己才能放心。所以便是以口味而论觉得格格不入的说法，也得采取保留态度，细细想一想，多辨别几时，再作断语。这不但对音乐为然，治一切学问都要有这个态度。所谓冷静、客观、谦虚，就是指这种实际的态度。

来信说学习主要靠 mind［头脑］，ear［听力］，及敏感，老师的帮助是有限的。这是因为你的理解力强的缘故，一般弹琴的，十分之六七以上都是要靠老师的。这一点，你在波兰同学中想必也看得很清楚。但一个有才的人也有另外一个危机，就是容易自以为是的走牛角尖。所以才气越高，越要提防，用 solid［扎扎实实］的学识来充实，用冷静与客观的批评精神，持续不断的检查自己。惟有真正能做到这一步，而且终身的做下去，才能成为一个真正的艺术家。

一扯到艺术，一扯到做学问，我的话就没有完，只怕我写得太多，你一下子来不及咂摸。

来信提到 Chopin［萧邦］的 Berceuse［《摇篮曲》］的表达，很有意思。以后能多写这一类的材料，最欢迎。

还要说两句有关学习的话，就是我老跟恩德说的："要有耐性，不要操之过急。越是心平气和，越有成绩。时时刻刻要承认自己是笨伯，不怕做笨功夫，那就不会期待太切，稍不进步就慌乱了。"对你，第一要紧是安排时间，多多腾出无谓的"消费时间"，我相信假如你在波兰能像在家一样，百事不打扰，每天都有七八小时在琴上，你的进步一定更快！

我译的莫扎特的论文，有些地方措辞不大妥当，望切勿"以辞害意"。尤其是说到"肉感",实际应该这样了解:"使感官觉得愉快的。"原文是等于英文的sensual［感官上的］。

## 十二月十一日夜

亲爱的孩子:

我先要跟你办个交涉:凡我信上所问你的事,都有红笔圈出,希望都答复我。你每次复信都要把我的信放在旁边,把红圈的段落一一查看,未复的都要复。第49—50—51三信的问题,只有钢琴和合同二项得到回音,余下的只字未提。我今后把向你提的问题摘要登记在一本小册子上,只要你不答复,我还是要问个不休的。爸爸这个死脾气,你该知道而且能原谅的,同时也能满足它的,是不是?

巴黎PATHE MARCONI公司又有复信,说从苏联转的航空邮包要获得苏联政府特别许可,这次未蒙批准,故原寄样片只得改走香港,尚须一个月可到。我今日又去信问他们,*Concerto*［《协奏曲》］灌音模糊,杂声极多,是否有法补救,或者样片本来不及正式片品质好。他们来信说送你的样片是双份,不知确否?我又要他们把合同打一份副本给我,也告诉他明年二月你将去捷克灌片,是否与他们有冲突。你十一月二十七日信中只批评你弹的 *Mazurkas*［《玛祖卡》］,没提到其他的;是否因 *Concerto*［《协奏曲》］录音效果恶劣,根本无法下断语?*Fantasy*［《幻想曲》］与 *Berceuse*［《摇篮曲》］两支曲子,望你再设法听一遍,写些意见来!等我们收到样片时,同时看看你的意见,以便知道你对萧邦的了解究竟是怎样的,也可知道你对自己的标准严格到什么程度。因巴黎的Pathe Marconi 公司答应除样片外,将来再送我正式片两套;故我今天寄了一辑《敦煌画集》（大开本）去，以资酬答。昨天去买了十种理论书及学习文件，内八种都是小册子，分作两包，平信挂号寄出，约本月底可到。每次寄你的材料及书等，收到时务必在信中提明，千万勿忘，免我们挂心！

"毛选"中的《实践论》及《矛盾论》，可多看看，这是一切理论的根底。此次寄你的书中，一部分是纯理论，可以帮助你对马列主义及辩证法有深切了解。为了加强你的理智和分析能力，帮助你头脑冷静，彻底搞通马列及辩证法是一条极好的路。我本来富于科学精神，看这一类书觉得很容易体会，也很有兴趣，因为事实上我做人的作风一向就是如此的。你感情重，理智弱，意志尤其弱，亟须从这方面多下功夫。否则你将来回国以后，什么事都要格外赶不上的。

住屋及钢琴两事现已圆满解决，理应定下心来工作。倘使仍觉得心绪不宁，必定另有原因，索性花半天功夫仔细检查一下，病根何在？查清楚了才好对症下药，廓清思想。老是蒙着自己，不正视现实，不正视自己的病根，而拖泥带水，不晴不雨的糊下去，只有给你精神上更大的害处。该拿出勇气来，彻底清算一下。

廓清思想，心绪平定以后，接着就该周密考虑你的学习计划：把正规的学习和明春的灌片及南斯拉夫的演奏好好结合起来。事先多问问老师意见，不要匆促决定。决定后勿轻易更动。同时望随时来信告知这方面的情况。前信（51号）要你谈谈技巧与指法手法，与你今后的学习很有帮助：我们不是常常对自己的工作（思想方面亦然如此）需要来个"小结"吗？你给我们谈技巧，就等于你自己作小结。千万别懒洋洋的拖延！我等着。同时不要一次写完，一次写必有遗漏，一定要分几次写才写得完全；写得完全是表示你考虑得完全，回忆得清楚，思考也细致深入。你务必听我的话，照此办法做。

这也是一般工作方法的极重要的一个原则。

以前我也问过你，住屋确定之后的日常开支，望即日来信报告！每月伙食费多少？宿舍要付租金吗？钢琴要负担租费吗？若要负担，有否向大使馆提过？（参看第四十九号信我与黄秘书的谈话。）

哥伦比亚的合同不会丢了的，大概没仔细寻找。以后要小心，重要文件都需妥藏，放在硬纸袋内，外面写好"要件、存"字样。给你带去一个小黑公事包作什么用的？

（……）你始终太容易信任人。我素来不轻信人言，等到我告诉你什么话，必有相当根据，而你还是不大重视，轻描淡写。这样的不知警惕，对你将来是危险的！一个人妨碍别人，不一定是因为本性坏，往往是因为头脑不清，不知利害轻重。所以你在这些方面没有认清一个人的时候，切忌随口吐露心腹。一则太不考虑和你说话的对象，二则太不考虑事情所牵涉的另外一个人。（还不止一个呢！）来信提到这种事，老是含混得很。去夏你出国后，我为另一件事写信给你，要你检讨，你以心绪恶劣推掉了。其实这种作风，这种逃避现实的心理是懦夫的行为，决不是新中国的青年所应有的。你要革除小布尔乔亚根性，就要从这等地方开始革除！

别怕我责备！（这也是小布尔乔亚的懦怯。）也别怕引起我心烦，爸爸不为儿子烦心，为谁烦心？爸爸不帮助孩子，谁帮助孩子？儿子苦闷不向爸爸求救，向谁求救？你这种顾虑也是一种短视的温情主义，要不得！懦怯也罢，温情主义也罢，总之是反科学，反马列主义。为什么一个人不能反科学、反马列主义？因为要生活得好，对社会尽贡献，就需要把大大小小的事，从日常生活、感情问题，一直到学习、工作、国家大事，一贯的用科学方法、马列主义的方法，去分析，去处理。批评与自我批评所以能成为有力的武器，也就在于它能培养冷静的科学头脑，对己、对人、对事，都一视同仁，做不偏不倚的检讨。而批评与自我批评最需要的是勇气，只要存着一丝一毫懦怯的心理，批评与自我批评便永远不能做得彻底。我并非说有了自我批评（即挖自己的根），一个人就可以没有烦恼。不是的，烦恼是永久免不了的，就等于矛盾是永远消灭不了的一样。但是不能因为眼前的矛盾消灭了将来照样有新矛盾，就此不把眼前的矛盾消灭。挖了根，至少可以消灭眼前的烦恼。将来新烦恼来的时候，再去消灭新烦恼。挖一次根，至少可以减轻烦恼的严重性，减少它危害身心的可能；不挖根，老是有些思想的、意识的、感情的渣滓积在心里，久而久之，成为一个沉重的大包袱，慢慢的使你心理不健全，头脑不冷静，胸襟不开朗，创造更多的新烦恼的因素。这一点不但与马列主义的理论相合，便是与近代心理分析和精神病治疗的研究结果也相合。

至于过去的感情纠纷，时时刻刻来打扰你的缘故，也就由于你没仔细挖根。我相信你不是爱情至上主义者，而是真理至上主义者；那么你就该用这个立场去分析你的对象（不论是初恋的还是以后的），你跟她（不管是谁）在思想认识上，真理的执著上，是否一致或至少相去不远？从这个角度上去把事情解剖清楚，许多烦恼自然迎刃而解。你也该想到，热情是一朵美丽的火花，美则美矣，无奈不能持久。希望热情能永久持续，简直是愚妄；不考虑性情、品德、品格、思想等等，而单单执著于当年一段美妙的梦境，希望这梦境将来会成为现实，那么我警告你，你可能遇到悲剧的！世界上很少如火如荼的情人能成为美满的、白头偕老的夫妇的；传奇式的故事，如但丁之于裴阿脱里克斯，所以成为可哭可泣的千古艳事，就因为他们没有结合；但丁只见过几面（似乎只有一面）裴阿脱里克斯。歌德的太太克里斯丁纳是个极庸俗的女子，但歌德的艺术成就，是靠了和平宁静的夫妇生活促成的。过去的罗曼史，让它成为我们一个美丽的回忆,作为一个终生怀念的梦,我认为是最明哲的办法。老是自苦是只有消耗自己的精力,对谁都没有裨益的。孩子,以后随时来信,把苦闷告诉我,我相信还能凭一些经验安慰你呢。爸爸受的痛苦不能为儿女减除一些危险,那么爸爸的痛苦也是白受了。但希望你把苦闷的缘由写得详细些(就是要你自己先分析一个透彻),免得我空发议论,无关痛痒的对你没有帮助。好了,再见吧,多多来信,来信分析你自己就是一种发泄,而且是有益于心理卫生的发泄。爸爸还有足够的勇气担受你的苦闷,相信我吧!你也有足够的力量摆脱烦恼,有足够的勇气正视你的过去,我也相信你!

妈妈的照片该收到了吧?贝多芬第四、第五的材料共十六页,是前天(九日)平信挂号寄的。

爸爸 十二月十一日夜

## 十二月二十一日晨

亲爱的孩子:

今年暑天,因为身体不好而停工,顺便看了不少理论书;这一回替你买理论书,我也买了许多,这几天已陆续看了三本小册子:关于辩证唯物主义的一些基本知识,批评与自我批评是苏维埃社会发展的动力,社会主义基本经济规律。感想很多,预备跟你随便谈谈。

第一个最重要的感想是:理论与实践绝对不可分离,学习必须与现实生活结合;马列主义不是抽象的哲学,而是极现实极具体的哲学;它不但是社会革命的指导理论,同时亦是人生哲学的基础。解放六年来的社会,固然有极大的进步,但还存在着不少缺点,特别在各级干部的办事方面。我常常有这么个印象,就是一般人的政治学习，完全是为学习而学习，不是为了生活而学习，不是为了应付实际斗争而学习。所以谈起理论来头头是道，什么唯物主义，什么辩证法，什么批评与自我批评等等，都能长篇大论发挥一大套；一遇到实际事情，一坐到办公桌前面，或是到了工厂里，农村里，就把一切理论忘得干干净净。学校里亦然如此；据在大学里念书的人告诉我，他们的政治讨论非常热烈，有些同学提问题提得极好，也能作出很精辟的结论；但他们对付同学，对付师长，对付学校的领导，仍是顾虑重重，一派的世故，一派的自私自利。这种学习态度，我觉得根本就是反马列主义的；为什么把最实际的科学——唯物辩证法，当作标榜的门面话和口头禅呢？为什么不能把嘴上说得天花乱坠的道理化到自己身上去，贯彻到自己的行为中、作风中去呢？

　　因此我的第二个感想以及以下的许多感想，都是想把马列主义的理论结合到个人修养上来。首先是马克思主义的世界观，应该使我们有极大的、百折不回的积极性与乐天精神。比如说："存在决定意识，但并不是说意识便成为可有可无的了。恰恰相反，一定的思想意识，对客观事物的发展会起很大的作用。"换句话说，就是"主观能动作用"。这便是鼓励我们对样样事情有信心的话，也就是中国人的"人定胜天"的意思。既然客观的自然规律，社会的发展规律，都可能受到人的意识的影响，为什么我们要灰心，要气馁呢？不是一切都是"事在人为"吗？一个人发觉自己有缺点，分析之下，可以归纳到遗传的根性，过去旧社会遗留下来的坏影响，潜伏在心底里的资产阶级意识、阶级本能等等；但我们因此就可以听任自己这样下去吗？若果如此，这个人不是机械唯物论者，便是个自甘堕落的没出息的东西。

　　第三个感想也是属于加强人的积极性的。一切事物的发展，包括自然现象在内，都是由于内在的矛盾，由于旧的腐朽的东西与新的健全的东西作斗争。这个理论可以帮助我们摆脱许多不必要的烦恼，特别是留恋过去的烦恼，与追悔以往的错误的烦恼。陶渊明就说过："觉今是而昨非"，还有一句老话，叫做："过去种种譬如昨日死，现在种种譬如今日生。"对于个人的私事与感情的波动来说，都是相近似的教训。既然一切都在变，不变就是停顿，停顿就是死亡，那么为什么老是恋念过去，自伤不已，把好好的眼前的光阴也毒害了呢？认识到世界是不断变化的，就该体会到人生亦是不断变化的，就该懂得生活应该是向前看，而不是往后看。这样，你的心胸不是廓然了吗？思想不是明朗了吗？态度不是积极了吗？

第四个感想是单纯的乐观是有害的，一味的向前看也是有危险的。古人说："鉴往而知来"，便是教我们检查过去，为的是要以后生活得更好。否则为什么大家要作小结，作总结，左一个检查，右一个检查呢？假如不需要检讨过去，就能从今以后不重犯过去的错误，那么"我们的理性认识，通过实践加以检验与发展"这样的原则，还有什么意思？把理论到实践中去对证，去检视，再把实践提到理性认识上来与理论复核，这不就是需要分析过去吗？我前二信中提到一个人对以往的错误要作冷静的、客观的解剖，归纳出几个原则来，也就是这个道理。

第五个感想是"从感性认识到理性认识"这个原理，你这几年在音乐学习上已经体会到了。一九五一至一九五三年间，你自己摸索的时代，对音乐的理解多半是感性认识，直到后来，经过杰老师的指导，你才一步一步走上了理性认识的阶段。而你在去罗马尼亚以前的彷徨与缺乏自信，原因就在于你已经感觉到仅仅靠感性认识去理解乐曲，是不够全面的，也不够深刻的；不过那时你不得其门而入，不知道怎样才能达到理性认识，所以你苦闷。你不妨回想一下,我这个分析与事实符合不符合?所谓理性认识是"通过人的头脑,运用分析、综合、对比等等的方法,把观察到的(我再加上一句:感觉到的)现象加以研究,抛开事物的虚假现象,及其他种种非本质现象,抽出事物的本质,找出事物的来龙去脉,即事物发展的规律"这几句,倘若能到处运用,不但对学术研究有极大的帮助,而且对做人处世,也是一生受用不尽。因为这就是科学方法。而我一向主张不但做学问,弄艺术要有科学方法,做人更其需要有科学方法。因为这缘故,我更主张把科学的辩证唯物论应用到实际生活上来。毛主席在《实践论》中说:"我们的实践证明:感觉到了的东西,我们不能立刻理解它,只有理解了的东西才能更深刻地感觉它。"你是弄音乐的人,当然更能深切的体会这话。

  第六个感想是辩证唯物论中有许多原则,你特别容易和实际结合起来体会;因为这几年你在音乐方面很用脑子,而在任何学科方面多用头脑思索的人,都特别容易把辩证唯物论的原则与实际联系。比如"事物的相互联系与相互限制","原因和结果有时也会相互转化,相互发生作用",不论拿来观察你的人事关系,还是考察你的业务学习,分析你的感情问题,还是检讨你的起居生活,随时随地都会得到鲜明生动的实证。我尤其想到"从量变到质变"一点,与你的音乐技术与领悟的关系非常适合。你老是抱怨技巧不够,不能表达你心中所感到的音乐;但你一朝获得你眼前所追求的技巧之后,你的音乐理解一定又会跟着起变化,从而要求更新更高的技术。说得浅近些,比如你练萧邦的练习曲或诙谐曲中某些快速的段落,常嫌速度不够。但等到你速度够了,你的音乐表现也决不是像你现在所追求的那一种了。假如我这个猜测不错,那就说明了量变可以促成质变的道理。

  以上所说,在某些人看来,也许是把马克思主义庸俗化了;我却认为不是庸俗化，而是把它真正结合到现实生活中去。一个人年轻的时候，当学生的时候，倘若不把马克思主义"身体力行"，在大大小小的事情上实地运用，那么一朝到社会上去，遇到无论怎么微小的事，也运用不了一分一毫的马克思主义。所谓辩证法，所谓准确的世界观，必须到处用得烂熟，成为思想的习惯，才可以说是真正受到马克思主义的锻炼。否则我是我，主义是主义，方法是方法，始终合不到一处，学习一辈子也没用。从这个角度上看，马列主义绝对不枯索，而是非常生动、活泼、有趣的，并且能时时刻刻帮助我们解决或大或小的问题的——从身边琐事到做学问，从日常生活到分析国家大事，没有一处地方用不到。至于批评与自我批评，我前两信已说得很多，不再多谈。只要你记住两点：必须有不怕看自己丑脸的勇气，同时又要有冷静的科学家头脑，与实验室工作的态度。惟有用这两种心情，才不至于被虚伪的自尊心所蒙蔽而变成懦怯，也不至于为了以往的错误而过分灰心，消灭了痛改前非的勇气，更不至于茫然于过去错误的原因而将来重蹈覆辙。子路"闻过则喜"，曾子的"吾日三省吾身"，都是自我批评与接受批评的最好的格言。

从有关五年计划的各种文件上，我特别替你指出下面几个全国上下共同努力的目标：

增加生产，厉行节约，反对分散使用资金，坚决贯彻重点建设的方针。

你在国外求学，"厉行节约"四字也应该竭力做到。我们的家用，从上月起开始每周做决算，拿来与预算核对，看看有否超过？若有，要研究原因，下周内就得设法防止。希望你也努力，因为你音乐会收入多，花钱更容易不假思索，满不在乎。至于后两条，我建议为了你，改成这样的口号：反对分散使用精力，坚决贯彻重点学习的方针。今夏你来信说，暂时不学理论课程，专攻钢琴，以免分散精力，这是很对的。但我更希望你把这个原则再推进一步，再扩大，在生活细节方面都应用到。而在乐曲方面，尤其要时时注意。首先要集中几个作家。作家的选择事先可郑重考虑；决定以后切勿随便更改，切勿看见新的东西而手痒心痒——至多只宜作辅助性质的附带研究，而不能喧宾夺主。其次是练习的时候要安排恰当，务以最小限度的精力与时间，获得最大限度的成绩为原则。和避免分散精力连带的就是重点学习。选择作家就是重点学习的第一个步骤；第二个步骤是在选定的作家中再挑出几个最有特色的乐曲。譬如巴赫，你一定要选出几个典型的作品，代表他键盘乐曲的各个不同的面目的。这样，你以后对于每一类的曲子，可以举一反三，自动的找出路子来了。这些道理，你都和我一样的明白。我所以不惮烦琐的和你一再提及，因为我觉得你许多事都是知道了不做。学习计划，你从来没和我细谈，虽然我有好几封信问你。从现在起到明年（一九五六）暑假，你究竟决定了哪些作家，哪些作品？哪些作品作为主要的学习，哪些作为次要与辅助性质的？理由何在？这种种，无论如何希望你来信详细讨论。我屡次告诉你：多写信多讨论问题，就是多些整理思想的机会，许多感性认识可以变做理性认识。这样重要的训练，你是不能漠视的。只消你看我的信就可知道。至于你忙，我也知道；但我每个月平均写三封长信，每封平均有三千字，而你只有一封，只及我的三分之一：莫非你忙的程度，比我超过百分之二百吗？问题还在于你的心情：心情不稳定，就懒得动笔。所以我这几封信，接连的和你谈思想问题，急于要使你感情平静下来。做爸爸的不要求你什么，只要求你多写信，多写有内容有思想实质的信；为了你对爸爸的爱，难道办不到吗？我也再三告诉过你，你一边写信整理思想，一边就会发现自己有很多新观念；无论对人生，对音乐，对钢琴技巧，一定随时有新的启发，可以帮助你今后的学习。这样一举数得的事，怎么没勇气干呢？尤其你这人是缺少计划性的，多写信等于多检查自己，可以纠正你的缺点。当然，要做到"不分散精力"，"重点学习"，"多写信，多发表感想，多报告计划"，最基本的是要能抓紧时间。你该记得我的生活习惯吧？早上一起来，洗脸，吃点心，穿衣服，没一件事不是用最快的速度赶着做的；而平日工作的时间，尽量不接见客人，不出门；万一有了杂务打岔，就在晚上或星期日休息时间补足错失的工作。这些都值得你模仿。要不然，怎么能抓紧时间呢？怎么能不浪费光阴呢？如今你住的地方幽静，和克拉可夫音乐院宿舍相比，有天渊之别；你更不能辜负这个清静的环境。每天的工作与休息时间都要安排妥当，避免一切突击性的工作。你在国外，究竟不比国内常常有政治性的任务。临时性质的演奏也不会太多，而且宜尽量推辞。正式的音乐会，应该在一个月以前决定，自己早些安排练节目的日程，切勿在期前三四天内日夜不停的"赶任务"，赶出来的东西总是不够稳，不够成熟的；并且还要妨碍正规学习；事后又要筋疲力尽，仿佛人要瘫下来似的。

我说了那么多，又是你心里都有数的话，真怕你听腻了，但也真怕你不肯下决心实行。孩子，告诉我，你已经开始在这方面努力了，那我们就安慰了，高兴了。

哥伦比亚的样片，昨天寄到；但要付海关税，要免税必须正式申请。所以当时没有领到。现在托上海市人民委员会文艺办公室出证明书。你在波兰收到样片时，可曾付税？

前信（五十三号）问你对《幻想曲》和《摇篮曲》的意见，务必来信告知。还有你对《玛祖卡》的演奏，希望能清清楚楚说出哪几支你觉得顶好，哪几支较差。《玛祖卡》灌片的成绩，比你比赛时怎样？还有《摇篮曲》与《幻想曲》，和比赛时比较又怎样？千万不要三言两语，说得越详细越好。

倘若样片能在四五天内取出，上海人民电台预备借一份去，排入新年节目内。当然，若《协奏曲》灌音不好，我不会给他们的；只给几只solo［独奏］的乐曲，也足够四十五分钟的广播了。

你住的地方，生炉子还是水汀？华沙是否比克拉可夫冷一些？吃饭情形如何？零用花得多吗？别忘了"厉行节约"！

假如心烦而坐不下来写信，可不可以想到为安慰爸爸妈妈起见而勉强写？开头是为了我们而勉强写，但写到三四页以上，我相信你的心情就会静下来，而变得很自然很高兴的，自动的想写下去了。我告诉你这个方法，不但可逼你多写信，同时也可以消除一时的烦闷。人总得常常强迫自己，不强迫就解决不了问题。

别忘了，我每次提的问题，都有存底；你一次信内不答复，下回我要追问的。

黄秘书见到没有？东西收到了吗？埃娃妈妈想也回来了吧？

这封信从昨夜写到今天，一共花了三小时零十分；暂时带住，祝你身心康健，快快乐乐的过新年！

爸爸　十二月二十一日晨

## 十二月二十七日午

亲爱的孩子：

这是本月份第四封信了。每次提笔给你写信，心里总是说不出的温暖和安宁。这一回尤其高兴。前信不是告诉你，说法国唱片来了，搁在海关上吗？隔了一天，中共上海市委文艺工作委员会的负责人之一——吴强先生打电话来，我顺便托他写证明书，两小时之内,证明书就送来了;下一天妈妈上邮局去等了三小时,终于"免税"领出。海关人员说他们认为是可以通融的,但章程上没有条例可引,必须送往总关,由上级批准,所以前后花了很多时间。片子一拿回来,我连午觉也没睡,就从头至尾听了一遍:

二十二日下午:自己听了一遍;傍晚:李翠贞先生来听一遍;二十三日傍晚:林医生夫妇及周朝桢先生来听;二十四日夜:名强、西三、容生、柯子歧四人来听;二十五日晨:恩德来听;下午:雷伯伯来听,恩德又听一遍;二十六日夜:中共市委文艺领导吴强及周而复两先生来听了《协奏曲》。

你看,大家多兴奋,家里多热闹!今天傍晚必阿姨、张阿姨还要来听。因为家中没长工,客人多了忙不过来,只能让他们陆续来听。过几日还要约毛楚恩及陈伯庚。他们过去对你那么好,不能不让他们听听你的成绩。

《协奏曲》钢琴部分录音并不如你所说,连轻响都听不清;乐队部分很不好,好似蒙了一层,音不真,不清。钢琴 loud passage〔强声片段〕也不够分明。据懂技术的周朝桢先生说:这是录音关系,正式片也无法改进的了。

以音乐而论,我觉得你的《协奏曲》非常含蓄,绝无鲁宾斯坦那种感伤情调,你的情感都是内在的。第一乐章的技巧不尽完整,结尾部分似乎很显明的有些毛病。第二乐章细腻之极,touch〔触键〕是 delicate〔精致〕之极。最后一章非常 brilliant〔辉煌,出色〕。《摇篮曲》比颁奖音乐会上的好得多,mood〔情绪〕也不同,更安静。《幻想曲》全部改变了:开头的引子,好极,沉着,庄严,贝多芬气息很重。中间那段 slow〔缓慢〕的 singing part〔如歌片段〕,以前你弹得很 tragic〔悲怆〕的,很 sad〔伤感〕的,现在是一种惆怅的情调。整个曲子像一座巍峨的建筑,给人以厚重、扎实、条理分明、波涛汹涌而意志很热的感觉。

李先生说你的协奏曲，左手把 rhythm［节奏］控制得稳极，rubato［音的长短顿挫］很多，但不是书上的，也不是人家教的，全是你心中流出来的。她说从国外回来的人常说现在弹萧邦都没有 rubato［音的长短顿挫］了，她觉得是不可能的；听了你的演奏，才证实她的怀疑并不错。问题不是没有 rubato［音的长短顿挫］，而是怎样的一种 rubato［音的长短顿挫］。

《玛祖卡》，我听了四遍以后才开始捉摸到一些，但还不是每支都能体会。我至此为止是能欣赏 Op.59, NO.1［作品五十九之一］；Op.68, No.4［作品六十八之四］；Op.41, No.2［作品四十一之二］；Op.33, No.1［作品三十三之一］。Op.68, No.4［作品六十八之四］的开头像是几句极凄怨的哀叹。Op.41, No.2［作品四十一之二］中间一段，几次感情欲上不上，几次悲痛冒上来又压下去，到最后才大恸之下，痛哭出声。第一支最长的 Op.56, No.3［作品五十六之三］，因为前后变化多，还来不及把握。阿敏却极喜欢，恩德也是的。她说这种曲子如何能学？我认为不懂什么叫做"tone colour"［音色］的人，一辈子也休想懂得一丝半毫，无怪几个小朋友听了无动于衷。colour sense［音色领悟力］也是天生的。孩子，你真怪，不知你哪儿来的这点悟性！斯拉夫民族的灵魂，居然你天生是具备的。斯克里亚宾的 *Prélude*［《前奏曲》］既弹得好，《玛祖卡》当然不会不好。恩德说，这是因为中国民族性的博大，无所不包，所以什么别的民族的东西都能体会得深刻。*Notre-Temps No.2*［《我们的时代》第二号］好似太拖拖拉拉，节奏感不够。我们又找出鲁宾斯坦的片子来听了，觉得他大部分都是节奏强，你大部分是诗意浓；他的音色变化不及你的多。

这几天除了为你的唱片兴奋而外，还忙着许多事。明年是"改造和重新安排高级知识分子"的"重点"年,各方面的领导都在作"重点"了解。故昨晚周而复、吴强两先生来找我谈。我事先想了几天,昨天写了七小时的书面意见,共九千字。除当面谈了以外,又把书面交给他们。据说,为配合五年计划,农业合作化,工商业改造,国家决定大力发动高级知识分子的潜在力量,在各方面——生活方面,工作环境条件方面,帮助他们解决困难,待遇也要调整提高。周、吴二位问我要不要搬个屋子,生活有何问题,我回答说,自己过的是国内最好的生活,还有什么要求!住的地方目前也不成问题。我提的意见共分三大题目:一.关于高级知识分子的问题,二.关于音乐界,三.关于国画界。

(……)

爸爸　十二月二十七日午

# 一九五六年

## 一月四日深夜

亲爱的孩子:

十二月二十三日的信(波兰邮戳是二十四日)到昨天三日方到,大概是这一晌气候不好,飞机常常停航的缘故吧?

埃娃根本忘了我最要紧的话,倒反缠夹了。临别那天,在锦江饭店我清清楚楚的,而且很郑重的告诉她说:"我们对他很有信心,只希望他做事要有严格的规律,学习的计划要紧紧抓住。"骄傲,我才不担心你呢!有一回信里我早说过的,有时提到也无非是做父母的过分操心,并非真有这个忧虑。你记得吗?所以传话是最容易出毛病的。埃娃跑来跑去,太忙了,我当然不怪她。但我急于要你放心,爸爸决不至于这样不了解你的。说句真话,我最怕的是:一、你的工作与休息不够正规化;二、你的学习计划不够合理;三、心情波动。关于这些前四封信已经谈得很多,不再啰嗦了。(……)如何看人,空口说白话是没用的;一定要亲自碰碰钉子才会相信;我也不多谈了。将来你回国以后,经过几次"运动",你自会慢慢明白。现在只要你知道一点,就是你爸爸一向也和你一样的脾气,处处以君子之心度人;无奈近十年来,发觉几十年的知交,我还没看清他的性格,所以更觉得自己需要在从冷静方面多下功夫。上两个月又出了一件不大不小的事,使我们懂得非提高警惕不可。

近半个月，我简直忙死了。电台借你的唱片，要我写些介绍材料。中共上海市委文艺部门负责人要我提供有关高级知识分子的情况，我一共提了三份，除了高级知识分子的问题以外，又提了关于音乐界和国画界的；后来又提了补充，昨天又写了关于少年儿童读物的；前后也有一万字左右。近三天又写了一篇《萧邦的少年时代》，长五千多字，给电台下个月在萧邦诞辰时广播。接着还得写一篇《萧邦的成年（或壮年，题未定）时代》。先后预备两小时的节目，分两次播，每次都播几张唱片作说明。这都要在事前把家中所有的两本萧邦的传记（法文本）全部看过，所以很费时间。

对你的音乐成绩，真能欣赏和体会的（指周围的青年人中）只有恩德一人。她究竟聪明，这两年也很会用头脑思索。她前天拿了谱，又来听了一遍《玛祖卡》，感触更深，觉得你主要都在节奏上见功夫，表现你的诗情；说你在一句中间，前后的音符中间，有种微妙的吞吐，好像"欲开还闭"（是她说的）的一种竞争。学是绝对学不来，也学不得的，只能从总的方面领会神韵，抓住几个关键，懂得在哪些地方可以这样的伸缩一下，至于如何伸缩，那是必须以各人的个性而定的——你觉得她说得不错吗？她又说你在线条走动的时候，固然走得很舒畅，但难得的是在应该停留的地方或是重音上面能够收得住，在应该回旋的开头控制得非常好。恩德还说，你的演奏充满了你自己特有的感情，同时有每个人所感觉到的感情。这两句就是匈牙利的 Imre Ungar［伊姆雷·温加尔］[①]说的，"处处叫人觉得是新的，但仍然是合于逻辑的。"可见能感受的艺术家，感受的能力都相差不远，问题是在于实践。恩德就是懂得那么多，而表白得出的那么少。

---

[①] "第二届国际萧邦钢琴比赛"第二名。

她随便谈到李先生教琴的种种,有一句话,我听了认为可以给你作参考。就是李先生常常埋怨恩德身子往前向键盘倾侧,说这个姿势自然而然会使人手臂紧张,力量加重,假如音乐不需要加强,你身子往前一倾,就会产生过分的效果。因为来信常常提起不能绝对放松,所以顺便告诉你这一点。还有李先生上回听了你的《玛祖卡》,马上说:"我想阿聪身子是不摇动了,否则决不能控制得这样稳。"

无论你对灌片的成绩怎么看法,我绝对不会错认为你灌音的时候不郑重。去年四月初,你花了五天功夫灌这几支曲子,其认真可想而知。听说世界上灌片最疙瘩的是 Marguerite Long[玛格丽特·朗],有一次,一个曲子直灌了八十次。还有Toscanini[托斯卡尼尼][①],常常不满意他的片子。有一回听到一套片子,说还好;一看原来就是他指挥的。

去年灌 Concerto[《协奏曲》]时,不知你前后弹了几次?是否乐队也始终陪着你常常重新来过?这二点望来信告知。我们都认为华沙乐队不行,与 solo[独奏]不够呼应紧密,倒是你的solo[独奏]常常在尽力承上启下的照顾到乐队部分。

我劝你千万不要为了技巧而烦恼,主要是常常静下心来,细细思考,发掘自己的毛病,寻找毛病的根源,然后想法对症下药,或者向别的师友讨教。烦恼只有打扰你的学习,反而把你的技巧拉下来。共产党员常常强调:"克服困难",要克服困难,先得镇定!只有多用头脑才能解决问题。同时也切勿操之过急,假如经常能有些少许进步,就不要灰心,不管进步得多么少。而主要还在于内心的修养,性情的修养:我始终认为手的紧张和整个身心有关系,不能

---

① 意大利指挥家。

机械的把"手"孤立起来。练琴的时间必须正常化，不能少，也不能多；多了整个的人疲倦之极，只会有坏结果。要练琴时间正常，必须日常生活科学化，计划化，纪律化！假定有事出门，回来的时间必须预先肯定，在外面也切勿难为情，被人家随便多留，才能不打乱事先定好的日程。

夏衍先生从北京回信给我，说你回国的消息根本是无稽之谈，他只知道今年去南斯拉夫是确定了的。这样，我们都放心了。黄秘书是否回任，我当去信北京询问，他有地址留下的。照你说来，我们新做的礼服衬衫，你是至今没拿到，是不是？

二十九日寄你两份《旅行家》，以后每期寄你。内容太精彩了，你不但可以看着消遣，还可以看到祖国建设的成绩和各方面新出的人才，真是令人兴奋。

明后日又有几本小册子寄你。十二月十日寄的音乐材料十六页，收到没有？

照片上的妈妈跟事实上的妈妈差得很多。你上次收到的还是一九五五年春天拍的。近几个月来，她真是老得多了。没有佣人，毕竟辛苦。最近（前两个月）还经历一些小小的风波，使我们两人都觉得做人难，真是活到老，学到老，学到老，学不了。

假如要去捷克，不是只有一个多月了吗？不知道你的灌片节目，心里真记挂得很。那边乐队好，灌音好，希望能灌一支《协奏曲》来，最好是贝多芬的。

为了急于要你安心，要你深信我们决不怀疑你有什么骄傲的倾向，这封信不写长了，明天一早就寄出。关于萧邦的文字，以后会抄给你的。离开华沙去捷克之前，早点通知我们，让我们知道写了信寄到哪儿去。祝你心平气和，工作上路，学习进步！

      爸爸　一九五六年一月四日深夜

## 二月二十九日夜

亲爱的孩子：

昨天整理你的信，又有些感想。

关于莫扎特的话，例如说他天真、可爱、清新等等，似乎很多人懂得；但弹起来还是没有那天真、可爱、清新的味儿。这道理，我觉得是"理性认识"与"感情深入"的分别。感性认识固然是初步印象，是大概的认识；理性认识是深入一步，了解到本质。但是艺术的领会，还不能以此为限。必须再深入进去，把理性所认识的，用心灵去体会，才能使原作者的悲欢喜怒化为你自己的悲欢喜怒，使原作者每一根神经的震颤都在你的神经上引起反响。否则即使道理说了一大堆，仍然是隔了一层。一般艺术家的偏于intellectual［理智］，偏于cold［冷静］，就因为他们停留在理性认识的阶段上。

比如你自己，过去你未尝不知道莫扎特的特色，但你对他并没发生真正的共鸣；感之不深，自然爱之不切了；爱之不切，弹出来当然也不够味儿；而越是不够味儿，越是引不起你兴趣。如此循环下去，你对一个作家当然无从深入。

这一回可不然，你的确和莫扎特起了共鸣，你的脉搏跟他的脉搏一致了，你的心跳和他的同一节奏了；你活在他的身上，他也活在你身上；你自己与他的共同点被你找出来了，抓住了，所以你才会这样欣赏他，理解他。

由此得到一个结论：艺术不但不能限于感性认识，还不能限于理性认识，必须要进行第三步的感情深入。换言之，艺术家最需要的，除了理智以外，还有一个"爱"字！所谓赤子之心，不但指纯洁无邪，指清新，而且还指爱！法文里有句话叫做"伟大的心"，意思就是"爱"。这"伟大的心"几个字，真有意义。而且这个爱绝不是庸俗的，婆婆妈妈的感情，而是热烈的、真诚的、洁白的、高尚的、如火如荼的、忘我的爱。

从这个理论出发，许多人弹不好东西的原因都可以明白了。光有理性而没有感情，固然不能表达音乐；有了一般的感情而不是那种火热的同时又是高尚、精练的感情，还是要流于庸俗；所谓 sentimental [滥情，伤感]，我觉得就是指的这种庸俗的感情。

一切伟大的艺术家（不论是作曲家，是文学家，是画家……）必然兼有独特的个性与普遍的人间性。我们只要能发掘自己心中的人间性，就找到了与艺术家沟通的桥梁。再若能细心揣摩，把他独特的个性也体味出来，那就能把一件艺术品整个儿了解了。当然不可能和原作者的理解与感受完全一样，了解的多少、深浅、广狭，还是大有出入；而我们自己的个性也在中间发生不小的作用。

大多数从事艺术的人，缺少真诚。因为不够真诚，一切都在嘴里随便说说，当做唬人的幌子，装自己的门面，实际只是拾人牙慧，并非真有所感。所以他们对作家决不能深入体会，先是对自己就没有深入分析过。这个意思，克利斯朵夫（在第二册内）也好像说过的。

真诚是第一把艺术的钥匙。知之为知之，不知为不知。真诚的"不懂"，比不真诚的"懂"，还叫人好受些。最可厌的莫如自以为是，自作解人。有了真诚，才会有虚心，有了虚心，才肯丢开自己去了解别人，也才能放下虚伪的自尊心去了解自己。建筑在了解自己了解别人上面的爱，才不是盲目的爱。

而真诚是需要长时期从小培养的。社会上，家庭里，太多的教训使我们不敢真诚，真诚是需要很大的勇气作后盾的。所以做艺术家先要学做人。艺术家一定要比别人更真诚，更敏感，更虚心，更勇敢，更坚忍，总而言之，要比任何人都 less imperfect [较少不完美之处]！

　　好像世界上公认有个现象：一个音乐家（指演奏家）大多只能限于演奏某几个作曲家的作品。其实这种人只能称为演奏家而不是艺术家。因为他们的胸襟不够宽广，容受不了广大的艺术天地，接受不了变化无穷的形与色。假如一个人永远能开垦自己心中的园地，了解任何艺术品都不应该有问题的。

　　有件小事要和你谈谈。你写信封为什么老是这么不 neat [干净]？日常琐事要做得 neat [干净]，等于弹琴要讲究干净是一样的。我始终认为做人的作风应当是一致的，否则就是不调和；而从事艺术的人应当最恨不调和。我这回附上一小方纸，还比你用的信封小一些，照样能写得很宽绰。你能不能注意一下呢？以此类推，一切小事养成这种 neat [干净] 的习惯，对你的艺术无形中也有好处。因为无论如何细小不足道的事，都反映出一个人的意识与性情。修改小习惯，就等于修改自己的意识与性情。所谓学习，不一定限于书本或是某种技术；否则"随时随地都该学习"这句话，又怎么讲呢？我想你每次接到我的信，连寄书谱的大包，总该有个印象，觉得我的字都写得整整齐齐、清楚明白吧！

　　二十四日寄上乐谱二包十册；二十六日航空信一封（六十一号波）；二十七日寄出文艺及学习书一包十册（内一本总谱）；二十八日寄上莫扎特 K457 协奏曲一册——这是恩德借给你的。等你向国外买来后再还她。她本来想把勃拉姆斯总集第三册也给你，但那书装订有毛病，铁钉已坏，一大帖都已脱落，给你用，不久必完全搞散；何况其中除了 *Paganini Variations* [《帕格尼尼主题变奏曲》] 之外，还有两支《协奏曲》，与我们原有的重复。故此谱仍托勃隆斯丹太太去买。

　　前天又向国际书店买到 Bach [巴赫] 的 *Concerto in c min*. [《c

小调协奏曲》]；*Concerto in E* [《E大调协奏曲》]；*Concerto in A* [《A 大调协奏曲》] 和 Haydn [海顿] 的 *Concerto in D* [《D大调协奏曲》]，均是 Peter's edition [彼得版]。倘需要，可寄你。另外买到一本苏联版的拉威尔的*Piano Trio* [《钢琴三重奏》]，暂不寄你了。

我二十六日去信勃隆斯丹太太，要她买了谱直接寄华沙，以省时间。但这是要宋伯伯能寄钱去加拿大，才能办到。以后你每次收到她寄的谱，都要来信告知。

前信和你提到的学习计划，你觉得如何？莫扎特最好的钢琴曲不一定Concerto [协奏曲] 中间，有些Sonata [奏鸣曲] Fantasy [幻想曲]，你准备练吗？要深入巩固，恐怕还是练这些东西更好。polyphonic music [复调音乐]，你出国后感到你以前的根底如何？最近的将来打算弄巴赫的什么乐曲？贝多芬的 *"Tempest" Sonata* [《"暴风雨"奏鸣曲》]，今年可以排入计划吗？相信你一定能弹好的。

希望此信在你去南斯拉夫以前能看到。我们等着你捷克灌音的消息。灌音的情况——每支乐曲弹几遍等等，我们非常好奇，要知道，还有报酬问题？巴托克的谱，不妨托使馆试买。还有Peter's edition [彼得版] 的谱，以及"袖珍总谱"，都可以托使馆转请驻德使馆设法。以下几种"袖珍总谱"已托勃隆斯丹去搜罗，也不一定能找到——贝多芬Concertos [协奏曲] No1.2.3.4.5.；莫扎特Concertos [协奏曲]：K595，K459，K271（E flat [降E调]），K491，K488，K466（d min. [d小调]），K537（Coronation [加冕]）；弗兰克*Variations Symphonique* [《交响变奏曲》]；勃拉姆斯*Paganini Variations* [《帕格尼尼变奏曲》]；莫扎特Concerto K459，K537（D Coronation [D大调，加冕]）；巴赫*Italian*

Variations in a min. [《a小调意大利变奏曲》]，Capriccio in Bb [《降B大调随想曲》]；巴赫的 Capriccio [《随想曲》] 是否送他兄弟走的那一支？若然，则不是 Bb maj. [降B大调]，而是B maj. [B大调]。

想到勃隆斯丹三十岁以后才真喜欢classics [古典作品]，而你这时就开始浸入莫扎特，我更高兴。

再会吧，孩子，路上小心，一切保重！特别注意饮食，寒暖，出门演奏更要当心身体！

爸爸　二月二十九日夜

## 四月二十九日

亲爱的孩子：

很奇怪你四月十八日写的信，内容很重要，为何隔了三天才寄呢？邮戳是四月二十一日，到上海是二十八日，路上倒很快；你自己为什么耽误呢？节目单、招贴、明信片等等都没到。过去你也是用航空寄的，怎么此次信到了一天多，那些东西还没到呢？

你信上第一段，很可作为一篇通讯，我想抄下来寄给《中国青年》半月刊。可惜内容还是不够些；例如南国风光，还要写得具体些；与当地人士及艺术家的接触也要多写些才好。你能再补些材料来吗？第一次在 Belgrade [贝尔格莱德] 弹两支协奏曲中的萧邦协奏曲是e min. [e小调] 还是f min [f小调]？望告知。

信上第二三段的事，我已处理：一、把来信抄下一份；二、附我的意见；一式两份寄给文化部夏衍副部长，其中一份请他转呈周总理。因此事涉及文化部及外交部各方面。最近国内执行了有关知识分子问题的政策，本月十五日又公布了全国工资会议的总决策，你的南斯拉夫演出报酬毫无问题应当归你。按劳取酬，多劳多得，这是政府的政策。只怪使馆不懂政策，又不好好学习《关于知识分子问题的报告》。我的意见分三部分：第一部分，完全同意你的主张，若中央同意，请驻南使馆直接汇寄国内，由我替你买公债。因你的提议虽好，但实行有困难：唱机与录音皆高级机械，南波两国出品都不够好，何必糟蹋钱？国外乐谱也是品种少，你自己还常要我设法向欧美定购，我又怕驻南使馆把钱汇波兰，日后要汇回来，又要向波政府申请外汇，太麻烦了。第二部分，去捷克再度灌古典及近代节目，我要求驻波使馆即日与捷克联系。也要求以后使馆遇此等情形，不必向国内请示。第三部分，要求使馆对你学习问题多采纳杰老师意见，也可听听你的意见。不必多向中央请示。中央远在国内，不知道实际情况，也决定不了什么。

我把你的信抄去的意思是：一、让中央彻底明了事情经过，二、同时对你的思想情况亦有了解。现在你切勿心情不定，一切等中央考虑。

你有这么坚强的斗争性，我很高兴。但切勿急躁，妨碍目前的学习。以后要多注意：坚持真理的时候必须注意讲话的方式、态度、语气、声调。要做到越有理由，态度越缓和，声音越柔和。坚持真理原是一件艰巨的斗争，也是教育工作，需要好的方法、方式、手段，还有是耐心。万万不能动火，令人误会。这些修养很不容易，我自己也还离得远呢。但你可趁早努力学习！

经历一次磨折，一定要在思想上提高一步。以后在作风上也要改善一步。这样才不冤枉。一个人吃苦碰钉子都不要紧，只要吸取教训，所谓人生或社会的教育就是这么回事。你多看看文艺创作上所描写的一些优秀党员，就有那种了不起的耐性，肯一再的细致的说服人，从不动火，从不强迫命令。这是真正的好榜样。而且存了这种心思，你也不会再烦恼；而会把斗争当做日常工作一样了。要坚持，要贯彻，但是也要忍耐！

黄文友处也去信了，问他大礼服衬衫为何未送到华沙。

你也相当糊涂，说了一大篇报酬问题，可从没一字提到数目，也不告诉我南币对人民币的汇率。

你在南国演出，萧邦节目特别多，是否他们要求如此，抑别有原因？托人找的南国报刊批评，要常常催问，否则过了半年八个月，仍消息全无的。

假如日后再去捷克灌片，可打听质地上好的电唱机（不要带 radio）要多少钱。所谓质地上好的条件是：一、转盘下的小马达力量要大，转起来方平稳。普通的用了几个月就要摇晃，发生杂音。二、喇叭至少要十吋。假如灌音的报酬能买这么一个唱机，你可买一个带回波兰，留着自用。假如钱不多，那么切勿迁就买中等货。买中等货等于糟钱，因为我们听唱片的要求特别高。

法国来信，你的正式片已出版；他们送我二整套，连别人的在内，每套五张片子（内一张半是你的）。大约日内可到。

苏共二十次代表大会，对我国影响较小。因过去掌握得好，没有那么大的偏差。政治上绝无波动，但大家心情都觉得畅快、开朗，好像今后的和平事业更巩固了。显而易见，从去年以来，社会主义各国的势力更强大，政策更高明，全世界人民对我们这方面愈来愈向往了。但中央为了澄清大家的思想，在大约一个月前发表了一篇《关于无产阶级专政的历史经验》，稍迟即有单行本出来，可寄你细读。我们都有一个印象，中共掌握马列主义，最能灵活运用；以往也不完全跟着斯大林走；所以这次运动中也没有大的事情需要纠正。今夏要举行第八次党代表大会，届时对我们更可有明确的指示。

上周内我们政协委员和上海人民代表混合视察，我挑的是农业合作社，出去看了三天，发现有些问题，正筹备为我们的一队起草报告书，送到上级去。下月初旬可能去杭州住几天。老是忙，除了经常的事，还有临时找上门来的杂事；要看的书，要写的文章，简直安排不下。我的心也跟你一样着急呢。

  你想回来一次的事，我不是不赞成，只是始终考虑到你的学习会受到损失。你在国外过暑假，也许比国内更能休息。我最关切的是这个。一定不能耽误学习时间，同时，暑中又一定得彻底休息几天。假如你认为真有回家的必要，同时也不致如何妨碍学业，则望先与使馆谈谈，并速来信告知，让我征求中央的意见。要是不能坐飞机，那就耽误时日太多了。

  来信说的学习问题一点没说清楚。既然院方与杰老师意见不一致，必有具体事实，为何你不提呢？望告杰老师，我天天等着他的信！

  暂时带住，先复你一信，让你安心。国内的交涉，爸爸会始终叮着问的。

爸爸　四月二十九日

# 一九五七年

## 三月十八日深夜于北京

亲爱的孩子：

昨天寄了一信，附传达报告七页。兹又寄上传达报告四页。还有别的材料，回沪整理后再寄。在京实在抽不出时间来，东奔西跑，即使有车，也很累。这两次的信都硬撑着写的。

毛主席的讲话，那种口吻、音调，特别亲切平易，极富于幽默感，而且没有教训口气，速度恰当，间以适当的pause［停顿］，笔记无法传达。他的马克思主义是到了化境的，随手拈来，都成妙谛，出之以极自然的态度，无形中渗透听众的心。讲话的逻辑都是隐而不露，真是艺术高手。沪上文艺界半年来有些苦闷，地方领导抓得紧，仿佛一批评机关缺点，便会煽动群众；报纸上越来越强调"肯定"，老谈一套"成绩是主要的，缺点是次要的"等等。（这话并不错，可是老挂在嘴上，就成了八股。）毛主席大概早已嗅到这股味儿，所以从一月十八日至二十七日就在全国省市委书记大会上提到百家争鸣问题，二月底的最高国务会议更明确的提出，这次三月十二日对我们的讲话，更为具体，可见他的思考也在逐渐往深处发展。他再三说人民内部矛盾如何处理对党也是一个新问题，需要与党外人士共同研究；党内党外合在一起谈，有好处；今后三五年内，每年要举行一次。他又嘱咐各省市委也要召集党外人士共同商量党内的事。他的胸襟宽大，思想自由，和我们旧知识分子没有分别，加上极灵活的运用辩证法，当然国家大事掌握得好了。毛主席是真正把古今中外的哲理融会贯通了的人。

我的感觉是百花齐放、百家争鸣确是数十年的教育事业，我们既要耐性等待，又要友好斗争；自己也要时时刻刻求进步——所谓自我改造。教条主义官僚主义，我认为主要有下列几个原因：一是阶级斗争太剧烈了，老干部经过了数十年残酷内战与革命，到今日已是中年以上，生理上即已到了衰退阶段；再加多数人身上带着病，精神更不充沛，求知与学习的劲头自然不足了。二是阶级斗争时敌人就在面前，不积极学习战斗就得送命，个人与集体的安全利害紧接在一起；革命成功了，敌人远了，美帝与原子弹等等，近乎抽象的威胁，故不大肯积极学习社会主义建设的门道。三是革命成功，多少给老干部一些自满情绪，自命为劳苦功高，对新事物当然不大愿意屈尊去体会。四是社会发展得快，每天有多少事需要立刻决定，既没有好好学习，只有简单化，以教条主义官僚主义应付。这四点是造成官僚、主观、教条的重要因素。否则，毛主席说过"我们搞阶级斗争，并没先学好一套再来，而是边学边斗争的"；为什么建设社会主义就不能边学边建设呢？反过来，我亲眼见过中级干部从解放军复员而做园艺工作，四年功夫已成了出色的专家。佛子岭水库的总指挥也是复员军人出身，遇到工程师们各执一见、相持不下时，他出来凭马列主义和他专业的学习，下的结论，每次都很正确。可见只要年富力强，只要有自信，有毅力，死不服气的去学技术，外行变为内行也不是太难的。党内要是这样的人再多一些，官僚主义等等自会逐步减少。

毛主席的话和这次会议给我的启发很多，下次再和你谈。

从马先生处知道你近来情绪不大好，你看了上面这些话，或许会好一些。千万别忘了我们处在大变动时代,我国如此,别国也如此。毛主席只有一个,别国没有,弯路不免多走一些,知识分子不免多一些苦闷,这是势所必然,不足为怪的。苏联的失败经验省了我们许多力气;中欧各国将来也会参照我们的做法慢慢的好转。在一国留学,只能集中精力学其所长;对所在国的情形不要太忧虑,自己更不要因之而沮丧。我常常感到,真正积极、真正热情、肯为社会主义事业努力的朋友太少了,但我还是替他们打气,自己还是努力斗争。到北京来我给楼伯伯、庞伯伯、马先生打气。

  自己先要锻炼得坚强,才不会被环境中的消极因素往下拖,才有剩余的精力对朋友们喊"加油加油"!你目前的学习环境真是很理想了,尽量钻研吧。室外的低气压,不去管它。你是波兰的朋友,波兰的儿子,但赤手空拳,也不能在他们的建设中帮一手。惟一报答她的办法是好好学习,把波兰老师的本领,把波兰音乐界给你的鼓励与启发带回到祖国来,在中国播一些真正对波兰友好的种子。他们的知识分子彷徨,你可不必彷徨。伟大的毛主席远远的发出万丈光芒,照着你的前路,你得不辜负他老人家的领导才好。

  我也和马先生、庞伯伯细细商量过,假如改往苏联学习,一般文化界的空气也许要健全些,对你有好处;但也有一些教条主义味儿,你不一定吃得消;日子长了,你也要叫苦。他们的音乐界,一般比较属于 cold [冷静] 型,什么时候能找到一个老师对你能相忍相让,容许你充分自由发展的,很难有把握。马先生认为苏联的学派与教法与你不大相合,我也同意此点。最后,改往苏联,又得在语言文字方面重起炉灶,而你现在是经不起耽搁的。周扬先生听我说了杰老师的学问,说:"多学几年就多学几年吧。"(几个月前,夏部长有信给我,怕波兰动荡的环境,想让你早些回国。现在他看法又不同了。)你该记得,胜利以前的一年,我在上海集合十二三个朋友（内有宋伯伯、姜椿芳、两个裘伯伯等等），每两周聚会一次，由一个人作一个小小学术讲话；然后吃吃茶点，谈谈时局，交换消息。那个时期是我们最苦闷的时期，但我们并不消沉，而是纠集了一些朋友自己造一个健康的小天地，暂时躲一下。你现在的处境和我们那时大不相同，更无须情绪低落。我的性格的坚韧，还是值得你学习的。我的脆弱是在生活细节方面，可不在大问题上。希望你坚强，想想过去大师们的艰苦奋斗，想想克利斯朵夫那样的人物，想想莫扎特、贝多芬；挺起腰来，不随便受环境影响！别人家的垃圾，何必多看？更不必多烦心。作客应当多注意主人家的美的地方；你该像一只久饥的蜜蜂，尽量吮吸鲜花的甘露，酿成你自己的佳蜜。何况你既要学 piano［钢琴］，又要学理论，又要弄通文字，整天在艺术、学术的空气中，忙还忙不过来，怎会有时间多想邻人的家务事呢？

　　亲爱的孩子，听我的话吧，爸爸的一颗赤诚的心，忙着为周围的几个朋友打气，忙着管闲事，为社会主义事业尽一分极小的力，也忙着为本门的业务加工，但求自己能有寸进；当然更要为你这儿子作园丁与警卫的工作：这是我的责任，也是我的乐趣。多多休息，吃得好，睡得好，练琴时少发泄感情，（谁也不是铁打的！）生活有规律些，自然身体会强壮，精神会饱满，一切会乐观。万一有什么低潮来，想想你的爸爸举着他一双瘦长的手臂远远的在支撑你；更想想有这样坚强的党、政府与毛主席，时时刻刻作出许多伟大的事业，发出许多伟大的言论，无形中但是有效的在鼓励你前进！平衡身心，平衡理智与感情，节制肉欲，节制感情，节制思想，对像你这样的青年是有好处的。修养是整个的，全面的；不仅在于音乐，特别在于做人——不是狭义的做人，而是包括对世界、对政局的看法与态度。二十世纪的人，生在社会主义国家之内，更需要冷静的理智,惟有经过铁一般的理智控制的感情才是健康的,才能对艺术有真正的贡献。孩子,我千言万语也说不完,我相信你一切都懂,问题只在于实践!我腰酸背疼,两眼昏花,写不下去了。我祝福你,我爱你,希望你强,更强,永远做一个强者,有一颗慈悲的心的强者!

爸爸　三月十八日深夜

## 七月一日夜

亲爱的孩子:

今晚文化部寄来柴可夫斯基比赛手册一份,并附信说拟派你参加,征求我们意见。我已复信,说等问过你及杰老师后再行决定。比赛概要另纸抄寄,节目亦附上。原文是中文的,有的作家及作品,我不知道,故只能照抄中文的。好在波兰必有俄文、波文的,可以查看。我寄你是为你马上可看,方便一些。

关于此事,你特别要考虑下面几点:

一、国际比赛既大都以技巧为重,这次你觉得去参加合适不合适?此点应为考虑中心!

二、全部比赛至少要弹三支柴可夫斯基的作品,你近来心情觉得怎么样?你以前是不大喜欢他的。

三、第二轮非常吃重,其中第一、二部分合起来要弹五个大型作品;以你现在的身体是否能支持?(当然第二轮的第二部分,你只需要练一支新的;但总的说来,第二轮共要弹七个曲子。)

四、你的理论课再耽误三个月是否相宜?这要从你整个学习计划来考虑。

五、不是明年,便是后年,法国可能邀请你去表演。若是明年来请,则一年中脱离两次正规学习是否相宜?学校方面会不会有意见?

以上五点望与杰老师详细商量后写信来。决定之前务必郑重,要处处想周到。

爸爸　七月一日夜

# 一九五八年

## 三月十七日晚

亲爱的孩子：

二月二十八日来信直花了十七天才到，真奇怪。来信谈及几点，兹分别就我的看法说明如下：

一、资本主义国家与我们尚未建立外交关系（便是英国与我们，虽互派代办，关系仍很微妙），向例双方文化艺术使节来往，都是由本国的民间团体出面相互邀请的。比国直接向波兰学校提出，在国际惯例上也是相当突兀的。因为你不是波兰人，而你去他国演出，究竟要由本国政府同意。去年春天法国有文化团体来沪，其中一位代表来看过我，我曾与他谈及你去法演出问题，应由他们以法中友协一类的名义，向我们对外文协或音协等提出。便是来看我的那位代表所隶属的来华文化团，也是由我们对外文协以民间团体名义请他们，而非由政府出面的。便是五六年冬法国前总理富尔来访问，也是应我国人民外交协会之邀。故文化部回示使馆的话，完全正确。你不妨向杰老师说明情况，最好由杰老师私人告诉比国，请他们以民间文艺团体名义，写信给中国对外文协或音协。

二、新民主主义国家的情形当然不同，他们是可以向当地我们的使馆提出的。倘提了几次无回音，你不妨向他们说："也许贵国的驻华使馆可以向我们外交部提出。"我觉得以你的地位这样答复人家,不至于犯什么错误。当然你也应同时说明,这是你个人的意思,究竟如何还得由他们自己考虑。这一段话你也不妨告诉杰老师,倘由杰老师方便时对保、南等国的音乐团体说明,比你自己说明更妥当。

三、苏联乐队来华访问,约你合作一事,值得仔细考虑。第一,这一下跟着他们跑,要费很多时间;中央是否允许你从头至尾和他们到处演出,临时仍会有变化。倘若回来好几个月,而只有极少时间是和苏联乐队合作,那就得事先想想清楚。第二,你的乐理、和声、波兰文的学习还落后很多,急须赶上去,没有时间可浪费。第三,即使假期内老师出门,你在波兰练曲子恐怕仍比国内快一些,集中一些;而在你目前,最主要的是争取时间多学东西,因为不管你留波时间还有多少,原则上总是所剩有限了。第四,你今年究竟算学完不学完?学校方面的理论课来得及来不及考完?——(这些总不能半途而废吧?)——倘使五月中回国了,还要赶回波兰去应考,则对你准备考试有妨碍,对试前的学习也有妨碍。

基于以上理由,我觉得你需要郑重考虑。即使中央主动要你回来一次,你也得从全面学习及来回时间等等方面想周到,向中央说明才对。末了,以后你再不能自费航空来回;为国家着想,航空票开支也太大,而火车来回对你的学习时间又有妨碍。总而言之,希望你全面想问题,要分出你目前的任务何者主要、何者次要;不要单从一个角度看问题。

我也奇怪你和杨部长①谈话时,怎么没提到学习期限问题?你学习到了什么阶段,预料什么时候可以结束,理论课何时可以考完等等,你是否都向杨部长报告?是否今年回来?倘回来,学业是否能

---

① 即当年的教育部长杨秀峰。

正式结束？不结束而回国，对祖国、对波兰，总交代不过去。倘来不及结束，则杨部长是否同意延长学习期限？——这些都是与你切身关系最重大的事，来信为何只字未提？我既不明了你的实际情况，便是想向夏部长写信也无从写起。

孩子，千万记住，留学的日子无论如何是一天天的少下去了，要争取一切机会加紧学习。既然要加政治学习，平日要分去一部分时间，假期中更应利用时间钻研业务。每年回国一次，在体力、时间、金钱、学习各方面都太浪费。希望多考虑。

眼前国内形势一日千里，变化之快之大，非你意料所及；政治思想非要赶上前来不可，一落后，你将来就要吃亏的，尤其你在国外时间耽久的人，更要在思想上与国内形势密切联系。——音乐学生下乡情况，不知道。不过我觉得主要是训练培养与劳动人民的息息相关的思想感情，不在乎你能否挑多少斤泥。而且各人情况不同，政府安排也不同，你不必事先多空想。——上海乐队最近下厂下乡演出，照样encore[加奏]。我们倘以为工农大众不欢迎西洋音乐，非但是主观，也是一种保守思想，说得重一些，也是脱离群众的思想。你别嫌我说话处处带政治性，这是为了你将来容易适应环境，为你在社会主义制度下过得心情愉快作准备。

我左说右说，要你加紧学波兰文，至少要能看书、写信；但你从未报告过具体进度，我很着急。这与国家派你出去的整个期望有关。当然学音乐的人不比学文学的；但若以后你不能用波兰文与老师同学通信，岂不同时使波兰朋友失望，且不说丢了国家的面子！

我身体仍未恢复，主要是神经衰弱。几个月来还是第一次写这样长的信呢。

在莫斯科录音一事，你应深深吸取教训。做人总要谦虚，成绩是大家促成的，不是你一个人的力量。思想上通了，说话态度自然少出毛病。杨部长对你的批评是极中肯的；你早一天醒悟（还要实际上改正），你的前途才早一天更有希望。

另外寄出学习小册。

一切珍重，望来信报告得详细些——特别是学习期限及现状。

爸爸　三月十七日晚

# 一九五九年

## 三月十二日

此系短简,前面无抬头,末尾无落款,只有日期。但字体是父亲的。

一、对外只谈艺术,言多必失,防人利用。

二、行动慎重。有事多与老辈商量,三思而行。

三、生活节俭,用钱要计算。

四、爸爸照常工作。

一九五九年三月十二日

## 十月一日

孩子:

十个月来我的心绪你该想象得到;我也不想千言万语多说,以免增加你的负担。①你既没有忘怀祖国,祖国也没有忘了你,始终给你留着余地,等你醒悟。我相信:祖国的大门是永远向你开着的。

好多话,妈妈已说了,我不想再重复。但我还得强调一点,就

---

① 在一九五七至一九五八年的"反右运动"中,傅雷受到长达一年的错误批判,为了避免引起傅聪的愤懑情绪,影响学业,父母在信中始终没有告知实情。其时傅聪已经听说了关于父亲的政治传言,该年十月,傅聪在波兰甚至听说父亲不仅划为"右派",而且已被捕入狱。在此景况下。傅聪于一九五八年十二月下旬,为避免"老子揭发儿子,儿子揭发老子"的"父子双亡"后果,在波兰艺术家的协助下,无奈出走英国。

是：适量的音乐会能刺激你的艺术，提高你的水平；过多的音乐会只能麻痹你的感觉，使你的表演缺少生气与新鲜感，从而损害你的艺术。你既把艺术看得比生命还重，就该忠于艺术，尽一切可能为保持艺术的完整而奋斗。这个奋斗中目前最重要的一个项目就是：不能只考虑需要出台的一切理由，而要多考虑不宜于多出台的一切理由。其次，千万别做经理人的摇钱树！他们的一千零一个劝你出台的理由，无非是趁艺术家走红的时期多赚几文，哪里是为真正的艺术着想！一个月七八次乃至八九次音乐会实在太多了，大大的太多了！长此以往，大有成为钢琴匠，甚至奏琴的机器的危险！你的节目存底很快要告罄的；细水长流才是办法。若是在如此繁忙的出台以外，同时补充新节目，则人非钢铁，不消数月，会整个身体垮下来的。没有了青山，哪还有柴烧？何况身心过于劳累就会影响到心情，影响到对艺术的感受。这许多道理想你并非不知道，为什么不挣扎起来，跟经理人商量——必要时还得坚持——减少一半乃至一半以上的音乐会呢？我猜你会回答我：目前都已答应下来，不能取消，取消了要赔人损失等等。可是你能否把已定的音乐会一律推迟一些，中间多一些空隙呢？否则，万一临时病倒，还不是照样得取消音乐会？难道捐税和经理人的佣金真是奇重，你每次所得极微，所以非开这么多音乐会就活不了吗？来信既说已经站稳脚跟，那么一个月只登台一二次（至多三次）也不用怕你的名字冷下去。决定性的仗打过了，多打零星的不精彩的仗，除了浪费精力，报效经理人以外，毫无用处，不但毫无用处，还会因表演的不够理想而损害听众对你的印象。你如今每次登台都与国家面子有关；个人的荣辱得失事小，国家的荣辱得失事大！你既热爱祖国，这一点尤其不能忘了。为了身体，为了精神，为了艺术，为了国家的荣誉，你都不能不大大减少你的演出。为这件事，我从接信以来未能安睡，往往为此一夜数惊!

还有你的感情问题怎样了?来信一字未提,我们却一日未尝去心。我知道你的性格,也想象得到你的环境;你一向滥于用情;而即使不采主动,被人追求时也免不了虚荣心感到得意:这是人之常情,于艺术家为尤甚,因此更需警惕。你成年已久,到了二十五岁也该理性坚强一些了,单凭一时冲动的行为也该能多克制一些了。不知事实上是否如此?要找永久的伴侣,也得多用理智考虑勿被感情蒙蔽!情人的眼光一结婚就会变,变得你自己都不相信:事先要不想到这一着,必招后来的无穷痛苦。除了艺术以外,你在外做人方面就是这一点使我们操心。因为这一点也间接影响到国家民族的荣誉,英国人对男女问题的看法始终清教徒气息很重,想你也有所发觉,知道如何自爱了;自爱即所以报答父母,报答国家。

真正的艺术家,名副其实的艺术家,多半是在回想中和想象中过他的感情生活的。惟其能把感情生活升华才给人类留下这许多杰作。反复不已的、有始无终的、没有结果也不可能有结果的恋爱,只会使人变成唐·璜,使人变得轻薄,使人——至少——对爱情感觉麻痹,无形中流于玩世不恭;而你知道,玩世不恭的祸害,不说别的,先就使你的艺术颓废;假如每次都是真刀真枪,那么精力消耗太大,人寿几何,全部贡献给艺术还不够,怎容你如此浪费!歌德的《少年维特之烦恼》的故事,你总该记得吧。要是歌德没有这大智大勇,历史上也就没有歌德了。你把十五岁到现在的感情经历回想一遍,也会怅然若失了吧?也该从此换一副眼光、换一种态度、换一种心情来看待恋爱了吧?——总之,你无论在订演出合同方面,在感情方面,在政治行动方面,主要得避免"身不由主",这是你最大的弱点。——在此举国欢腾,庆祝十年建国十年建设十年成就的时节,我写这封信的心情尤其感触万端,非笔墨所能形容。孩子,珍重,各方面珍重,千万珍重,千万自爱!

　　　　　　　　　　　爸爸　一九五九年　国庆

# 一九六〇年

## 一月十日

孩子：

　　看到国外对你的评论很高兴。你的好几个特点已获得一致的承认和赞许，例如你的tone［音质］，你的touch［触键］，你对细节的认真与对完美的追求，你的理解与风格，都已受到注意。有人说莫扎特《第二十七钢琴协奏曲》（K.595）［（作品五九五号）］第一乐章是healthy［健康］，extrovert allegro［外向快板］，似乎与你的看法不同，说那一乐章健康，当然没问题，说"外向"（extrovert）恐怕未必。另一批评认为你对 K.595［作品五九五号］第三乐章的表达"His［他的］（指你）sensibility is more passive than creative［敏感性是被动的，而非创造的］"，与我对你的看法也不一样。还有人说你弹萧邦的*Ballades*［《叙事曲》］和 *Scherzo*［《诙谐曲》］中某些快的段落太快了，以致妨碍了作品的明确性。这位批评家对你三月和十月的两次萧邦都有这个说法，不知实际情形如何？从节目单的乐曲说明和一般的评论看，好像英国人对莫扎特并无特别精到的见解，也许有这种学者或艺术家而并没写文章。

　　以三十年前的法国情况作比，英国的音乐空气要普遍得多。固然，普遍不一定就是水平高，但质究竟是从量开始的。法国一离开巴黎就显得闭塞，空无所有；不像英国许多二等城市还有许多文化艺术活动。不过这是从表面看；实际上群众的水平，反应如何，要问你实地接触的人了。望来信告知大概。你在西欧住了一年，也跑了一年，对各国音乐界多少有些观感，我也想知道。便是演奏场子吧，也不妨略叙一叙。例如以音响效果出名的 Festival Hall［节日厅］①，究竟有什么特点等等。

结合听众的要求和你自己的学习，以后你的节目打算向哪些方面发展？是不是觉得舒伯特和莫扎特目前都未受到应有的重视，加上你特别有心得，所以着重表演他们两个？你的普罗科菲耶夫和萧斯塔科维奇的奏鸣曲，都还没出过台，是否一般英国听众不大爱听现代作品？你早先练好的巴托克协奏曲是第几支？听说他的协奏曲以第三最时行。你练了贝多芬第一，是否还想练第三？弹过勃拉姆斯的大作品后，你对浪漫派是否感觉有所改变？对舒曼和弗兰克是否又恢复了一些好感？当然，终身从事音乐的人对那些大师可能一辈子翻来覆去要改变好多次态度；我这些问题只是想知道你现阶段的看法。

近来又随便看了些音乐书。有些文章写得很扎实，很客观。一个英国作家说到李斯特，有这么一段："我们不大肯相信，一个涂脂抹粉、带点俗气的姑娘会跟一个朴实无华的不漂亮的姊妹人品一样好；同样，我们也不容易承认李斯特的光华灿烂的钢琴奏鸣曲会跟舒曼或勃拉姆斯的棕色的和灰不溜秋的奏鸣曲一样精彩。"（见 Heritage of Music—2nd Series［《音乐的遗产》第二集］p.196）接下去他断言那是英国人的清教徒气息作怪。他又说大家常弹的李斯特都是他早年的炫耀技巧的作品，给人一种条件反射，听见李斯特

---

① 指英国伦敦的节日音乐厅。

的名字就觉得俗不可耐；其实他的奏鸣曲是 pure gold［纯金］，而后期的作品有些更是严峻到极点。——这些话我觉得颇有道理。一个作家很容易被流俗歪曲，被几十年以至上百年的偏见埋没。那部 Heritage of Music［《音乐的遗产》］我有三集，值得一读，论萧邦的一篇也不错，论比才的更精彩，执笔的 Martin Cooper［马丁·库珀］在二月九日《每日电讯》上写过批评你的文章。"集"中文字深浅不一，需要细看，多翻字典，注意句法。

有几个人评论你的演奏都提到你身体瘦弱。由此可见你自己该如何保养身体，充分休息。今年夏天务必抽出一个时期去过暑假！来信说不能减少演出的理由，我很懂得，但除非为了生活所迫，下一届订合同务必比这一届合理减少一些演出。要打天下也不能急，要往长里看。养精蓄锐、精神饱满的打决定性的仗比零碎仗更有效。何况你还得学习，补充节目，注意其他方面的修养；除此之外，还要有充分的休息！

你不依靠任何政治经济背景，单凭艺术立足，这也是你对己对人对祖国的最起码而最主要的责任！当然极好，但望永远坚持下去，我相信你会坚持，不过考验你的日子还未来到。至此为止你尚未遇到逆境。真要过了贫贱日子才真正显出"贫贱不能移"！居安思危，多多锻炼你的意志吧。

节目单等等随时寄来。法、比两国的评论有没有？你的 Steinway［斯丹威］[①]是七尺的？九尺的？几星期来闹病闹得更忙，连日又是重伤风又是肠胃炎，无力多写了。诸事小心，珍重珍重！

爸爸　一月十日

---

[①] 世界著名钢琴品牌。

## 八月五日

孩子：

　　两次妈妈给你写信，我都未动笔，因为身体不好，精力不支。不病不头痛的时候本来就很少，只能抓紧时间做些工作；工作完了已筋疲力尽，无心再做旁的事。人老了当然要百病丛生，衰老只有早晚之别，绝无不来之理，你千万别为我担忧。我素来对生死看得极淡，只是鞠躬尽瘁，活一天做一天工作，到有一天死神来叫我放下笔杆的时候才休息。如是而已。弄艺术的人总不免有烦恼，尤其是旧知识分子处在这样一个大时代。你虽然年轻，但是从我这儿沾染的旧知识分子的缺点也着实不少。但你四五年来来信，总说一投入工作就什么烦恼都忘了；能这样在工作中乐以忘忧，已经很不差了。我们二十四小时之内，除了吃饭睡觉总是工作的时间多，空闲的时间少；所以即使烦恼，时间也不会太久，你说是不是？不过劳逸也要调节得好：你弄音乐，神经与感情特别紧张，一年下来也该彻底休息一下。暑假里到乡下去住个十天八天，不但身心得益，便是对你的音乐感受也有好处。何况入国问禁，入境问俗，对他们的人情风俗也该体会观察。老关在伦敦，或者老是忙忙碌碌在各地奔走演出，一点不接触现实，并不相宜。见信后望立刻收拾行装，出去歇歇，即是三五天也是好的。

　　你近来专攻斯卡拉蒂，发现他的许多妙处，我并不奇怪。这是你喜欢韩德尔以后必然的结果。斯卡拉蒂的时代，文艺复兴在绘画与文学园地中的花朵已经开放完毕，开始转到音乐；人的思想感情正要求在另一种艺术中发泄，要求更直接刺激感官，比较更缥缈更自由的一种艺术，就是音乐，来满足它们的需要。所以当时的音乐作品特别有朝气，特别清新，正如文艺复兴前期绘画中的波提切利，而且音乐规律还不像十八世纪末叶严格,有才能的作家容易发挥性灵。何况欧洲的音乐传统,在十七世纪时还非常薄弱,不像绘画与雕塑早在古希腊就有登峰造极的造诣(雕塑在公元前六至四世纪,绘画在公元前一世纪至公元后一世纪)。一片广大无边的处女地正有待于斯卡拉蒂及其以后的人去开垦。写到这里,我想你应该常去大英博物馆,那儿的艺术宝藏可说一辈子也享受不尽;为了你总的(全面的)艺术修养,你也该多多到那里去学习。

我因为病的时候多,只能多接触艺术,除了原有的旧画以外,无意中研究起碑帖来了:现在对中国书法的变迁源流,已弄出一些眉目,对中国整个艺术史也增加了一些体会;可惜没有精神与你细谈。提到书法,忽然想起你在四月号《音乐与音乐家》杂志上的签字式,把聪字写成"好"。须知末一笔不能往下拖长,因为行书草书,"一"或"灬"才代表"心"字,你只能写成"聪"或"聪"。末一笔可以流露一些笔锋的余波,例如"聪"或"聪",但切不可余锋太多,变成往下拖的一只脚。望注意。

你以前对英国批评家的看法,太苛刻了些。好的批评家和好的演奏家一样难得;大多数只能是平平庸庸的"职业批评家"。但寄回的评论中有几篇的确写得很中肯。例如五月七日 *Manchester Guardian*〔《曼彻斯特卫报》〕上署名 J.H.Elliot〔埃利奥特〕写的《从东方来的新的启示》(*New Light from the East*)说你并非完全接受西方音乐传统,而另有一种清新的前人所未有的观点。又说你离开西方传统的时候,总是以更好的东西去代替;而且即使是西方文化最严格的卫道者也不觉你的脱离西方传统有什么"乖张"、"荒诞",炫耀新奇的地方。这是真正理解到了你的特点。你能用东方人的思想感情去表达西方音乐,而仍旧能为西方最严格的卫道者所接受,就表示你的确对西方音乐有了一些新的贡献。我为之很高兴。

且不说这也是东风压倒西风的表现之一,并且正是中国艺术家对世界文化应尽的责任;惟有不同种族的艺术家,在不损害一种特殊艺术的完整性的条件之下,能灌输一部分新的血液进去,世界的文化才能愈来愈丰富,愈来愈完满,愈来愈光辉灿烂。希望你继续往这条路上前进!还有一月二日 *Hastings Observer* [《黑斯廷斯观察家报》] 上署名 Allan Biggs [阿伦·比格斯] 写的一篇评论,显出他是衷心受了感动而写的,全文没有空洞的赞美,处处都着着实实指出好在哪里。看来他是一位年纪很大的人了,因为他说在一生听到的上千钢琴家中,只有 Pachmann [派克曼] 与 Moiseiwitsch [莫依赛维奇] 两个,有你那样的魅力。Pachmann 已经死了多少年了,而且他听到过"上千"钢琴家,准是个苍然老叟了。关于你唱片的专评也写得好。

要写的中文不洋化,只有多写。写的时候一定打草稿,细细改过。除此以外并无别法。特别把可要可不要的字剔干净。

身在国外,靠艺术谋生而能不奔走于权贵之门,当然使我们安慰。我相信你一定会坚持下去。这点儿傲气也是中国艺术家最优美的传统之一,值得给西方做个榜样。可是别忘了一句老话:岁寒而后知松柏之后凋;你还没经过"岁寒"的考验,还得对自己提高警惕才好!一切珍重!千万珍重!

爸爸 一九六〇年八月五日

## 八月二十九日

亲爱的孩子:

八月二十日报告的喜讯使我们心中说不出的欢喜和兴奋。你在人生的旅途中踏上一个新的阶段,开始负起新的责任来,我们要祝贺你、祝福你、鼓励你。希望你拿出像对待音乐艺术一样的毅力、信心、虔诚，来学习人生艺术中最高深的一课。但愿你将来在这一门艺术中得到像你在音乐艺术中一样的成功！发生什么疑难或苦闷，随时向一两个正直而有经验的中、老年人讨教，（你在伦敦已有一年八个月，也该有这样的老成的朋友吧？）深思熟虑，然后决定，切勿单凭一时冲动：只要你能做到这几点，我们也就放心了。

对终身伴侣的要求，正如对人生一切的要求一样不能太苛。事情总有正反两面：追得你太迫切了，你觉得负担重；追得不紧了，又觉得不够热烈。温柔的人有时会显得懦弱，刚强了又近乎专制。幻想多了未免不切实际，能干的管家太太又觉得俗气。只有长处没有短处的人在哪儿呢？世界上究竟有没有十全十美的人或事物呢？抚躬自问，自己又完美到什么程度呢？这一类的问题想必你考虑过不止一次。我觉得最主要的还是本质的善良，天性的温厚，开阔的胸襟。有了这三样，其他都可以逐渐培养；而且有了这三样，将来即使遇到大大小小的风波也不致变成悲剧。做艺术家的妻子比做任何人的妻子都难；你要不预先明白这一点，即使你知道"责人太严，责己太宽"，也不容易学会明哲、体贴、容忍。只要能代你解决生活琐事，同时对你的事业感到兴趣就行，对学问的钻研等等暂时不必期望过奢，还得看你们婚后的生活如何。眼前双方先学习相互的尊重、谅解、宽容。

对方把你作为她整个的世界固然很危险，但也很宝贵！你既已发觉，一定会慢慢点醒她；最好旁敲侧击而勿正面提出，还要使她感到那是为了维护她的人格独立，扩大她的世界观。倘若你已经想到奥里维的故事，不妨就把那部书叫她细读一二遍，特别要她注意那一段插曲。像雅葛丽纳①那样只知道 love，love，love！[爱，爱，爱！]的人只是童话中人物，在现实世界中非但得不到love，连日子都会过不下去，因为她除了love一无所知，一无所有，一无所爱。这样狭窄的天地哪像一个天地！这样片面的人生观哪会得到幸福！无论男女，只有把兴趣集中在事业上、学问上、艺术上，尽量抛开渺小的自我(ego)，才有快活的可能，才觉得活的有意义。未经世事的少女往往会存一个荒诞的梦想，以为恋爱时期的感情的高潮也能在婚后维持下去。这是违反自然规律的妄想。古语说，"君子之交淡如水"；又有一句话说，"夫妇相敬如宾"。可见只有平静、含蓄、温和的感情方能持久；另外一句的意义是说，夫妇到后来完全是一种知己朋友的关系，也即是我们所谓的终身伴侣。未婚之前双方能深切领会到这一点，就为将来打定了最可靠的基础，免除了多少不必要的误会与痛苦。

你是以艺术为生命的人，也是把真理、正义、人格等等看做高于一切的人，也是以工作为乐的人；我用不着唠叨，想你早已把这些信念表白过，而且竭力灌输给对方的了。我只想提醒你几点：第一，世界上最有力的论证莫如实际行动，最有效的教育莫如以身作则；自己做不到的事千万勿要求别人；自己也要犯的毛病先批评自己，先改自己的。第二，永远不要忘了我教育你的时候犯的许多过严的毛病。我过去的错误要是能使你避免同样的错误，我的罪过也可以减轻几分；你受过的痛苦不再施之于他人，你也不算白白吃苦。总的来说，尽管指点别人，可不要给人"好为人师"的感觉。奥诺丽纳(你还记得巴尔扎克那个中篇吗？)的不幸一大半是咎由自取，一小部分也因为丈夫教育她的态度伤了她的自尊心。凡是童年不快

---

① 与奥里维，均《约翰·克利斯朵夫》中的人物。

乐的人都特别脆弱（也有训练得格外坚强的，但只是少数），特别敏感，你回想一下自己，就会知道对待你的爱人要如何 delicate [温柔]，如何 discreet [谨慎] 了。

我相信你对爱情问题看得比以前更郑重更严肃了；就在这考验时期，希望你更加用严肃的态度对待一切，尤其要对婚后的责任先培养一种忠诚、庄严、虔敬的心情！

你既要家中存一份节目单的全部记录，为什么不在家中留一份唱片的完整记录呢？那不是更实在而具体的纪念吗？捷克灌的正式片始终没有，一套样片早就唱旧了。波兰灌的更是连节目都不知道。你一定能想法给我们罗致得来，这是你所能给我们最大快乐之一。——另外，我们唱针存货告竭。在国内从南到北，託了许多人都弄不到；一则进口极少，二则一有货立即一抢而空。我们用的是捷克旧式唱机，叫做 SUPRAPHON，3-speed H 13-50/60 式，用的唱针是 MIKRO TYPE PS-16 不带唱头（without pick-up head），光是针。你能否託伦敦唱片店（或直接去信捷克？）想办法寄半打来（慢转的），三只也行，恐进口税高。但你订货时要把我以上用红笔点出的外文全部抄给人家。倘非捷克货，倘非那种 model，别的唱针再好也无用，千万注意此点，以免白费钱。再唱几十遍，手头所有的唱针即将报废，唱机要变成哑巴了。现在的唱片要求更高，你寄来的唱片封套上都印明，一般唱针（即 saphire 的）用到上百遍，就需要检查是否可继续使用。此点你自己也要注意，发觉声音不大对，就得当心了。

Saga 灌的片子，你自己不满意，批评却甚好。我们一定要的。你不妨切实再追问一下，何月何日寄出的，公司有账可查。还有，每次寄出唱片，包外都要写明 GIFT [礼品] 字样，此与付税多少有关。

莫扎特的歌剧太美了。舒伯特的那个四重奏比 *Death & the Maiden Quartet*〔《死神与少女四重奏》〕一支难接受，也许是只听一次之故。巴赫的 *Cantata*〔《康塔塔》〕只听了女低音的一张，其余还来不及听。Oistrakh〔奥伊斯特拉赫〕的莫扎特 style〔风格〕如何？我无法评价，望告知。Cantelli〔坎泰利〕指挥的 *Unfinished Symphony*〔《未完成交响曲》〕第一句特别轻，觉得很怪，你认为怎样？

问了你四回关于勃隆斯丹太太的情形及地址，你一字不提，下次不能再忘了。妈妈前信问你中国指挥的成绩，也盼见告。

此信中写错了几个字："酝酿"误作"愠攘"（第二个字竟是创造），"培养"之"培"误作"倍"（两次都如此）。英文 She was never allowed 误作 allow。

转达我对 Zamira〔扎弥拉〕的祝福，我很愿意和她通信。（她通法文否，望告我。因我写法文比英文方便。）也望转致我们对她父亲的敬意和仰慕。

愿你诸事顺利，一切保重！

爸爸　一九六〇年八月二十九日

## 十月二十一日夜

亲爱的孩子：

望眼欲穿的唱片，昨天终于收到了。寄发的邮戳是八月三日，一共走了七十八天。因为不写从苏联转，就得从海上坐船来。上回的片子同是平寄，但写明 Via U.S.S.A（苏联转），故只花三十八天。以后你得注意，从北面来的航空信也比南面来的快二三天。明天你将去瑞典演出，是否仍会在飞机上给我们写信呢？二十三至二十五日三场以后，还有三十日一场，大概就留在瑞典了吧。

你的片子只听了一次，一则唱针已旧，不敢多用，二则寄来唱片只有一套，也得特别爱护。初听之下，只觉得你的风格变了，技巧比以前流畅，平稳，干净，不觉得费力。音色的变化也有所不同，如何不同，一时还说不上来。Pedal［踏板］用得更经济。pp［pianissimo＝最弱］比以前更pp［最弱］。朦胧的段落愈加朦胧了。总的感觉好像光华收敛了些，也许说凝练比较更正确。奏鸣曲一气呵成，紧凑得很。Largo［广板］确如多数批评家所说 full of poetic sentiment［充满诗意］，而没有一丝一毫感伤情调。至此为止，我只能说这些，以后有别的感想再告诉你。四支Ballads［《叙事曲》］有些音很薄，好像换了一架钢琴，但Berceuse［《摇篮曲》］，尤其是 Nocturne［《夜曲》］（那支是否Paci［百器］最喜欢的？）的音仍然柔和淳厚。是否那些我觉得太薄太硬的音是你有意追求的？你前回说你不满意 Ballads［《叙事曲》］，理由何在，望告我。对Ballads［《叙事曲》］，我过去受Cortot［柯尔托］影响太深，遇到正确的style［风格］，一时还体会不到其中的妙处。《玛祖卡》的印象也与以前大不同，melody［旋律］的处理也两样；究竟两样在哪里，你能告诉我吗？有一份唱片评论，说你每个bar［小节］的1st or 2nd beat［第一或第二拍音］往往有拖长的倾向，听起来有些mannered［做作，不自然］，你自己认为怎样？是否《玛祖卡》真正的风格就需要拖长第一或第二拍？来信多和我谈谈这些问题吧，这是我最感兴趣的。其实我也极想知道国外音乐界的一般情形，但你忙，我不要求你了。从你去年开始的信，可以看出你一天天的倾向于wisdom［智慧］和所谓希腊精神。大概中国的传统哲学和艺术理想越来越对你发生作用了。从贝多芬式的精神转到这条路在我是相当慢的，你比我缩短了许多年。原因是你的童年时代和少年时代所接触的祖国文化（诗歌、绘画、哲学）比我同时期多的多。我从小到大，样样靠自己摸，只有从年长的朋友那儿偶然得到一些启发，从来没人有意的有计划的指导过我，所以事倍功半。来信提到朱晖的情形使我感触很多。高度的才能不和高度的热爱结合，比只有热情而缺乏能力的人更可惋惜。

敏要的西班牙文辞典与文法买到没有？你的房子是否弥拉帮你在找？今天写她的回信弄得我腰酸背痛，累得要命。不多写了。

你有一封信里把"吞"字写作"舌"字，不知是否笔误？一切保重！

爸爸　一九六〇年十月二十一日夜

## 十一月十三日

亲爱的孩子：

十月二十二日寄你和弥拉的信各一封，想你瑞典回来都看到了吧？——前天（十一月十一日）寄出法译《毛主席诗词》一册、英译关汉卿（元人）《剧作选》一册、曹禺《日出》一册、冯沅君《中国古典文学小史》一册（四册共一包都是给弥拉的）；又陈老莲《花鸟草虫册》一册，计十幅，黄宾虹墨笔山水册页五张（摄影），笺谱两套共二十张，我和妈妈放大照片二张（友人摄），共作一包：以上均挂号平寄，由苏联转，预计十二月十日前后可到伦敦。陈老莲《花鸟草虫册》还是一九五八年印的，在现有木刻水印中技术最好，作品也选的最精；其中可挑六张，连同封套及打字说明，送弥拉的爸爸，表示我们的一些心意。余四张可留存，将来装饰你的新居。黄氏作品均系原来尺寸，由专门摄影的友人代制，花了不少功夫。其他笺谱有些也可配小玻璃框悬挂。因国内纸张奇紧，印数极少，得之不易，千万勿随便送人；只有真爱真懂艺术的人才可酌送一二（指笺谱）。木刻水印在一切复制技术中最接近原作，工本浩大，望珍视之。西人送礼，尤其是艺术品，以少为贵，故弥拉爸爸送六张陈老莲已绰乎有余。这不是小气，而是合乎国外惯例，同时也顾到我们供应不易。

《敦煌壁画选》（木刻水印的一种，非石印洋纸的一种）你身边是否还有？我尚留着三集俱全的一套，你要的话可寄你。不过那是绝版了，一九三五年的东西（木刻印数有限制，后来版子坏了，不能再印），更加名贵，你必须特别爱惜才好。（要否望来信！）

看了此次照片，觉得弥拉更美了，她比瑞士时期肉采丰满，想系恢复健康之故。从她信上可以体会到她性格和顺，天真，同时也严肃，对人对事都认真。为了你们的将来，她正式去学家政，令人感动。不过持家之道主要在乎 commen sense（常识），待人接物和处理银钱等等，一切做得合情合理，有计划，有预算。孩子，你该满足了吧，这样一个伴侣对你可有很大帮助。目前你在经历一生最快乐的时期，订了婚，精神有了寄托，只有爱的甜蜜，还没有家庭的责任：你不要"得福不知"！看你照片，身体似乎不坏，精神也平静，我们非常安慰。弥拉极懂音乐，爱好文艺，你们一定相处得很好。在日常工作与休息营养的调节方面，千万多听她的话，别看她年幼，女性在某些事情上比较我们男人实际得多，她们的直觉往往很正确，而且任何年轻的女孩子都有母爱的本能，有些为你身心健康的劝告，更应当多多接受。但愿你脾气好，万万不要像我，要以我的坏脾气作为你的警戒。我最怕在这方面给你不良的影响。你要是能不让爸爸的缺点在你身上发展，便是你对爸爸最好的报答，也是对你的下一代尽了很大的责任。

我多么愿意听听你对自己演奏的意见，特别是人家重点批评过的乐曲或段落,例如此次挪威九月二十六日最长的一篇评论你的 Bach[巴赫],我要知道你自己的看法。还有前信问你对已灌片子的四支 *Ballade*[《叙事曲》]的不满意在哪里。别让你爸爸在音乐方面太落后,所以要你谈谈这些问题。

《音乐与音乐家》月刊八月号,有美作曲家 Copland[考普伦]的一篇论到美洲音乐的创作问题,我觉得他根本未接触到关键。他绝未提到美洲人是英、法、德、荷、意、西几种民族的混合;混合的民族要产生新文化,尤其是新音乐,必须一个很长的时期,决非如 Copland[考普伦]所说单从 jazz[爵士音乐]的节奏或印第安人的音乐中就能打出路来。民族乐派的建立,本地风光的表达,有赖于整个民族精神的形成。欧洲的意、西、法、英、德、荷……许多民族,也是从七世纪起由更多的更早的民族杂凑混合起来的。他们都不是经过极长的时期(融和与合流的时期),才各自形成独特的精神面貌,而后再经过相当长的时期在各种艺术上开花结果吗?

同一杂志三月号登一篇 John Pritchard[约翰·普里查德]的介绍(你也曾与 Pritchard[普里查德]合作过),有下面一小段值得你注意:——

…Famous conductor Fritz Busch once asked John Pritchard: "How long is it since you looked at Renaissance painting?" To Pritchard's astonished "Why?", Busch replied: "Because it will improve your conducting by looking upon great things—do not become narrow."[著名指挥家弗里茨·布施有次问约翰·普里查德,"你上次看文艺复兴时代的绘画有多久了?"普里查德很惊异的反问"为什么问我?"布施答道:"因为看了伟大作品,可以使你指挥时得到进步——而不至于眼光浅窄。"——金圣华译]

你在伦敦别错过 looking upon great things［观赏伟大艺术品］的机会，博物馆和公园对你同样重要。

冬季是你最忙的时候，有些我问你的话或是你想告诉我的话，不妨陆续记在一个本子上，写信时抄在一起，不是又方便又完全吗？

附寄关于黄宾虹的介绍，可妥为保存，等复制品寄到时可再取出与弥拉重读，让她对中国画得到一个初步的概念。

一切保重，休息要充足，工作勿过度！

爸爸　一九六〇年十一月十三日

## 十一月二十六日晚

亲爱的孩子：

自从弥拉和我们通信以后，好像你有了秘书，自己更少动笔了。知道你忙，精神紧张劳累，也不怪你。可是有些艺术问题非要你自己谈不可。你不谈，你我在精神上艺术上的沟通就要中断，而在我这个孤独的环境中更要感到孤独。除了你，没有人再和我交换音乐方面的意见。而我虽一天天的衰老，还是想多吹吹外面的风。你小时候我们指导你，到了今日，你也不能坐视爸爸在艺术的某一部门中落后！——十月二十一、十一月十三以及以前的信中已屡次提及，现在不多谈了。

没想到你们的婚期订得如此近，给我们一个措手不及。妈妈今儿整天在外选购送弥拉和你岳母的礼物。不过也许只能先寄弥拉的，下月再寄另外一包裹。原因详见给弥拉信。礼物不能在你们婚前到达伦敦，妈妈总觉得是件憾事。前信问你有否《敦煌壁画选》，现在我给你作为我给你们俩的新婚纪念品（下周作印刷品寄）。

孩子，你如今正式踏进人生的重要阶段了，想必对各个方面都已严肃认真的考虑过：我们中国人对待婚姻——所谓终身大事——比西方人郑重得多，你也决不例外；可是夫妇之间西方人比我们温柔得多，delicate［优雅］得多，真有我们古人相敬如宾的作风（当然其中有不少虚伪的，互相欺骗的），想你也早注意到，在此订婚四个月内也该多少学习了一些。至于经济方面，大概你必有妥善的打算和安排。还有一件事，妈妈和我争执不已，不赞成我提出。我认为你们都还年轻，尤其弥拉，初婚后一二年内光是学会当家已是够烦了，是否需要考虑稍缓一二年再生儿育女，以便减轻一些她的负担，让她多轻松一个时期？妈妈反对，说还是早生孩子，宁可以后再节育。但我说晚一些也不过晚一二年，并非十年八年；说不说由我，听不听由你们；知无不言，言无不尽，朋友之间尚且如此，何况父母子女！有什么忌讳呢？你说是不是？我不过表示我的看法，决定仍在你们。而且即使我不说，也许你们已经讨论过这个问题了。弥拉的意思很对，你们该出去休息一个星期。我老是觉得，你离开琴，沉浸在大自然中，多沉思默想，反而对你的音乐理解与感受好处更多。人需要不时跳出自我的牢笼，才能有新的感觉、新的看法，也能有更正确的自我批评。

你对晚期贝多芬的看法是否与以前有所不同？思想上是否更接近了些，还是相反，更远了些？一般批评界对舒伯特与贝多芬的见解，你有哪几点同意，哪几点不同意？——他们始终觉得你的莫扎特太精巧，你自己以为如何？

不多写了，祝你婚姻美满，幸福！我们的心永远和你们两人在一起！

　　　　　　　　爸爸、妈妈　一九六〇年十一月二十六日晚

## 十二月二日

亲爱的孩子：

因为闹关节炎，本来这回不想写信，让妈妈单独执笔；但接到你去维也纳途中的信，有些艺术问题非由我亲自谈不可，只能撑起来再写。知道你平日细看批评，觉得总能得到一些好处，真是太高兴了。有自信同时又能保持自我批评精神，的确如你所说，是一切艺术家必须具备的重要条件。你对批评界的总的看法，我完全同意；而且是古往今来真正的艺术家一致的意见。所谓"文章千古事，得失寸心知！"往往自己认为的缺陷，批评家并不能指出，他们指出的倒是反映批评家本人的理解不够或者纯属个人的好恶，或者是时下的风气和流俗的趣味。从巴尔扎克到罗曼·罗兰，都一再说过这一类的话。因为批评家也受他气质与修养的限制（单从好的方面看），艺术家胸中的境界没有完美表现出来时，批评家可能完全捉摸不到，而只感到与习惯的世界抵触；便是艺术家的理想真正完美的表现出来了，批评家囿于成见，也未必马上能发生共鸣。例如雨果早期的戏剧，比才的《卡门》，德彪西的《贝莱阿斯与梅利桑特》。但即使批评家说的不完全对头或竟完全不对头，也会有一言半语引起我们的反省，给我们一种 inspiration［灵感］，使我们发现真正的缺点，或者另外一个新的角落让我们去追求，再不然是使我们联想到一些小枝节可以补充、修正或改善——这便是批评家之言不可尽信，亦不可忽视的辩证关系。

来信提到批评家音乐听得太多而麻痹，确实体会到他们的苦处。同时我也联想到演奏家太多沉浸在音乐中和过度的工作或许也有害处。追求完美的意识太强太清楚了，会造成紧张与疲劳，反而妨害原有的成绩。你灌唱片特别紧张，就因为求全之心太切。所以我常常劝你劳逸要有恰当的安排,最要紧维持心理的健康和精神的平衡。一切做到问心无愧,成败置之度外,才能临场指挥若定,操纵自如。也切勿刻意求工,以免画蛇添足,丧失了spontaneity［真趣］;理想的艺术总是如行云流水一般自然,即使是慷慨激昂也像夏日的疾风猛雨,好像是天地中必然有的也是势所必然的境界。一露出雕琢和斧凿的痕迹,就变为庸俗的工艺品而不是出于肺腑,发自内心的艺术了。我觉得你在放松精神一点上还大有可为。不妨减少一些工作,增加一些深思默想,看看效果如何。别老说时间不够;首先要从日常生活的琐碎事情上——特别是梳洗穿衣等等,那是我几年来常嘱咐你的——节约时间,挤出时间来!要不工作,就痛快休息,切勿拖拖拉拉在日常猥琐之事上浪费光阴。不妨多到郊外森林中去散步或者上博物馆欣赏名画,从造型艺术中去求恬静闲适。你实在太劳累了!我一向认为音乐家的神经比别的艺术家更需要保护,这也是有科学与历史根据的。这一段希望细细到到译给弥拉听,让她以后在这方面多帮助你,代我们督促你多休息!你知道我说的休息绝不是懒散,而是调节你的身心,尤其是神经,目的仍在于促进你的艺术,不过用的方法比一味苦干更合理更科学而已!

  你的中文并不见得如何退步,你不必有自卑感。自卑感反会阻止你表达的流畅。Do take it easy!［一定要放松些,慢慢来!］主要是你目前的环境多半要你用外文来思想,也因为很少机会用中文讨论文艺、思想等等问题。稍缓我当寄一些旧书给你,让你温习温习词汇和句法的变化。我译的旧作中,《嘉尔曼》和服尔德的文字比较最洗炼简洁,可供学习。新译不知何时印,印了当然马上寄。但我们纸张不足,对十九世纪的西方作品又经过批判与重新估价,故译作究竟哪时会发排,完全无法预料。

  其实多读外文书(写得好的),也一样能加强表达思想的能力。

我始终觉得一个人有了充实丰富的思想，不怕表达不出。Arthur Hedley［阿瑟·赫德利］写的 *Chopin*［《萧邦传》］（在master musician［音乐大师］丛书内）内容甚好，文字也不太难。第十章提到Chopin［萧邦］的演奏，有些字句和一般人对你的评论很相近。

唱机听说根本不准进口——捷克有信来了，说唱针及唱片已寄出，但尚未到。前托弥拉向伦敦SUPRAPHON订购，可仍进行（照我前信所说办法），唱针不会嫌多的。

这一季的评论，只收到挪威、瑞典的，英国的只有十一月九日独奏会的一小部分。十月莫扎特的批评全无，切望补来！

再一次祝福你婚姻美满。弥拉真是好孩子，你得好好的爱她！想起你的结婚，我们真有说不出的感触，快慰，以及多多少少复杂万分的情绪。代我们多多道谢Menuhin［梅纽因］先生太太为你的事偏劳了！

爸爸　十二月二日

去波兰前我为你手抄的旧诗选还在吗？

TAINE［丹纳］：*PHILOSOPHIE DE L'ART*［《艺术哲学》］的英译本，不妨买来先读，要读得慢一些。要等我的译本到你手中，实在是时间太无把握了。丹纳论希腊及意大利文艺复兴真是好极。

# 一九六一年

## 一月五日 [译自英文]

亲爱的孩子们：

亲爱的聪：我们很高兴得知你对这一次的录音感到满意，并且将于七月份在维也纳灌录一张唱片。你在马耳他用一架走调的钢琴演奏必定很滑稽，可是我相信听众的掌声是发自内心的。你的信写得不长，也许是因为患了重伤风的缘故。信中对马耳他废墟只字未提，可见你对古代史一无所知；可是关于婚礼也略而不述却使我十分挂念，这一点证明你对现实毫不在意，你变得这么像哲学家，这么脱离世俗了吗？或者更坦白的说，你难道干脆就把这些事当作无关紧要的事吗？但是无足轻重的小事从某一观点以及从精神上来讲就毫不琐屑了。生活中崇高的事物，一旦出自庸人之口，也可变得伧俗不堪的。你知道得很清楚，我也不太看重物质生活，不太自我中心，我也热爱艺术，喜欢遐想；但是艺术若是最美的花朵，生活就是开花的树木。生活中物质的一面不见得比精神的一面次要及乏味，对一个艺术家而言，尤其如此。你有点过分偏重知识与感情了，凡事太理想化，因而忽略或罔顾生活中正当健康的乐趣。

不错，你现在生活的世界并非万事顺遂，甚至是十分丑恶的；可是你的目标，诚如你时常跟我说起的，是抗御一切诱惑，不论是政治上或经济上的诱惑，为你的艺术与独立而勇敢斗争，这一切已足够耗尽你的思想与精力了。为什么还要为自己无法控制的事情与情况而忧虑？注意社会问题与世间艰苦，为人类社会中丑恶的事情而悲痛是磊落的行为。故此，以一个敏感的年轻人来说，对人类命运的不公与悲苦感到愤慨是理所当然的，但是为此而郁郁不乐却愚不可及，无此必要。你说过很多次，你欣赏希腊精神，那么为什么不培养一下恬静与智慧？你在生活中的成就老是远远不及你在艺术上的成就。我经常劝你不时接近大自然及造型艺术，你试过没有？音乐太刺激神经，需要其他较为静态（或如你时常所说的较为"客观"）的艺术如绘画、建筑、文学等等来平衡，在十一月十三日的信里，我引了一小段Fritz Busch〔弗里茨·布施〕的对话，他说的这番话在另外一方面看来对你很有益处，那就是你要使自己的思想松弛平静下来，并且大量减少内心的冲突。

　　记得一九五六至一九五七年间，你跟我促膝谈心时，原是十分健谈的，当时说了很多有趣可笑的故事，使我大乐；相反的，写起信来，你就越来越简短，而且集中在知识的问题上，表示你对现实漠不关心，一九五七年以来，你难道变了这么多吗？或者你只是懒惰而已？我猜想最可能是因为时常郁郁寡欢的缘故。为了抵制这种倾向，你最好少沉浸在自己内心的理想及幻想中，多生活在外在的世界里。

## 一月二十三日〔译自英文〕

亲爱的孩子们：

　　我认为敦煌壁画代表了地道的中国绘画精粹，除了部分显然受印度佛教艺术影响的之外，那些描绘日常生活片段的画，确实不同凡响：创作别出心裁，观察精细入微，手法大胆脱俗，而这些画都是由一代又一代不知名的画家绘成的（全部壁画的年代跨越五个世纪）。这些画家，比起大多数名留青史的文人画家来，其创作力与生命力，要强得多。真正的艺术是历久弥新的，因为这种艺术对每一时代的人都有感染力，而那些所谓的现代画家（如弥拉信中所述）却大多数是些骗子狂徒，只会向附庸风雅的愚人榨取钱财而已。我绝对不相信他们是诚心诚意的在作画。听说英国有"猫儿画家"及用"一块旧铁作为雕塑品而赢得头奖"的事，这是真的吗？人之丧失理智，竟至于此？

最近我收到杰维茨基教授的来信，他去夏得了肺炎之后，仍未完全康复，如今在疗养院中，他特别指出聪在英国灌录的唱片弹奏萧邦时，有个过分强调的 retardo ［缓慢处理］——比如说，*Ballad*［《叙事曲》］弹奏得比原曲长两分钟，杰教授说在波兰时，他对你这种倾向，曾加抑制，不过你现在好像又故态复萌，我很明白演奏是极受当时情绪影响的，不过聪的 retardo mood ［缓慢处理手法］出现得有点过分频密，倒是不容否认的，因为多年来，我跟杰教授都有同感。亲爱的孩子，请你多留意，不要太耽溺于个人的概念或感情之中，我相信你会时常听自己的录音（我知道，你在家中一定保有一整套唱片），在节拍方面对自己要求越严格越好！弥拉在这方面也一定会帮你审核的。一个人拘泥不化的毛病，毫无例外是由于有特殊癖好及不切实的感受而不自知，或固执得不愿承认而引起的。趁你还在事业的起点，最好控制你这种倾向，杰教授还提议需要有一个好的钢琴家兼有修养的艺术家给你不时指点，既然你说起过有一名协助过 Annie Fis-cher ［安妮·费希尔］的匈牙利女士，杰教授就大力鼓励你去见见她，你去过了吗？要是还没去，你在二月三日至十八日之间，就有足够的时间前去求教，无论如何，能得到一位年长而有修养的艺术家指点，一定对你大有裨益。

## 二月五日上午——八日晨

亲爱的孩子：

　　上月二十四日宋家婆婆①突然病故，卧床不过五日。初时只寻常小恙，到最后十二小时才急转直下。人生脆弱一至于此！我和你妈妈为之四五天不能入睡，伤感难言。古人云秋冬之际，尤难为怀；人过中年也是到了秋冬之交，加以体弱多病，益有草木零落，兔死狐悲之感。但西方人年近八旬尚在孜孜矻矻，穷究学术，不知老之"已"至：究竟是民族年轻，生命力特别旺盛，不若数千年一脉相承之中华民族容易衰老欤？抑是我个人未老先衰，生意索然欤？想到你们年富力强，蓓蕾初放，艺术天地正是柳暗花明，窥得无穷妙境之时，私心艳羡，岂笔墨所能尽宣！

　　因你屡屡提及艺术方面的希腊精神（Hellenism），特意抄出丹纳《艺术哲学》中第四编"希腊雕塑"译稿六万余字，钉成一本。原书虽有英译本，但其中神话、史迹、掌故太多，倘无详注，你读来不免一知半解；我译稿均另加笺注，对你方便不少。我每天抄录一段，前后将近一月方始抄完第四编。奈海关对寄外文稿检查甚严，送去十余日尚无音信，不知何时方能寄出，亦不知果能寄出否。思之怅怅。此书原系一九五七年"人文"向我特约，还是王任叔②来沪到我家当面说定，我在一九五八至一九五九年间译完，已搁置一年八个月。目前纸张奇紧，一时决无付印之望。

　　在一切艺术中，音乐的流动性最为凸出，一则是时间的艺术，二则是刺激感官与情绪最剧烈的艺术，故与个人的mood［情绪］关系特别密切。对乐曲的了解与感受，演奏者不但因时因地因当时情

---

① 我国老一辈戏剧家宋春舫的夫人，傅雷挚友宋奇之母。
② 时任人民文学出版社社长。

绪而异，即一曲开始之后，情绪仍在不断波动，临时对细节、层次、强弱、快慢、抑扬顿挫，仍可有无穷变化。听众对某一作品平日皆有一根据素所习惯与听熟的印象构成的"成见"，而听众情绪之波动，亦复与演奏者无异：听音乐当天之心情固对其音乐感受大有影响，即乐曲开始之后，亦仍随最初乐句所引起之反应而连续发生种种情绪。此种变化与演奏者之心情变化皆非事先所能预料，亦非临时能由意识控制。可见演奏者每次表现之有所出入，听众之印象每次不同，皆系自然之理。演奏家所以需要高度的客观控制，以尽量减少一时情绪的影响；听众之需要高度的冷静的领会；对批评家之言之不可不信亦不能尽信，都是从上面几点分析中引伸出来的结论。音乐既是时间的艺术，一句弹完，印象即难以复按；事后批评，其正确性大有问题；又因为是时间的艺术，故批评家固有之（对某一作品）成见，其正确性又大有问题。况执著旧事物、旧观念、旧形象，排斥新事物、新观念、新印象，原系一般心理，故演奏家与批评家之距离特别大。不若造型艺术，如绘画、雕塑、建筑，形体完全固定，作者自己可在不同时间不同心情之下再三复按，观众与批评家亦可同样复按，重加审查，修正原有印象与过去见解。

  按诸上述种种，似乎演奏与批评都无标准可言。但又并不如此。演奏家对某一作品演奏至数十百次以后，无形中形成一比较固定的轮廓，大大的减少了流动性。听众对某一作品听了数十遍以后，也有一个比较稳定的印象——尤其以唱片论，听了数十百次必然会得出一个接近事实的结论。各种不同的心情经过数十次的中和，修正，各个极端相互抵消以后，对某一固定乐曲（既是唱片，则演奏是固定的了，不是每次不同的了，而且可以尽量复按复查）的感受与批评可以说有了平均的、比较客观的价值。个别的听众与批评家，当然仍有个别的心理上精神上气质上的因素，使其平均印象尚不能称为如何客观；但无数"个别的"听众与批评家的感受与印象，再经过相当时期的大交流（由于报章杂志的评论，平日交际场中的谈话，半学术性的讨论争辩而形成的大交流）之后，就可得出一个average[平均]的总和。这个总印象总意见，对某一演奏家的某一作品的成绩来说，大概是公平或近于公平的了——这是我对群众与批评家的意见肯定其客观价值的看法，也是无意中与你妈妈谈话时谈出来的，不知你觉得怎样？——我经常与妈妈谈天说地，对人生、政治、艺术、各种问题发表各种感想，往往使我不知不觉中把自己的思想整理出一个小小的头绪来。单就这一点来说，你妈妈对我确是大有帮助，虽然不是出于她主动。——可见终身伴侣的相互帮助有许多完全是不知不觉的。相信你与弥拉之间一定也常有此感。

二月五日上午

人没有苦闷，没有矛盾，就不会进步。有矛盾才会逼你解决矛盾，解决一次矛盾即往前迈进一步。到晚年矛盾减少，即是生命将要告终的表现。没有矛盾的一片恬静只是一个崇高的理想，真正实现的话并不是一个好现象。凭了修养的功夫所能达到的和平恬静只是极短暂的，比如浪潮的尖峰，一刹那就要过去的。或者理想的平和恬静乃是微波荡漾，有矛盾而不太尖锐，而且随时能解决的那种精神修养，可绝非一泓死水：一泓死水有什么可羡呢？我觉得倘若苦闷而不致陷入悲观厌世，有矛盾而能解决（至少在理论上认识上得到一个总结），那么苦闷与矛盾并不可怕。所要避免的乃是因苦闷而导致身心失常或者玩世不恭，变做游戏人生的态度。从另一角度看，最伤人的（对己对人，对小我与集体都有害的）乃是由passion[激情]出发的苦闷与矛盾，例如热衷名利而得不到名利的人，怀着野心而明明不能实现的人，经常忌妒别人、仇恨别人的人，那一类苦闷便是于己于人都有大害的。凡是从自卑感自溺狂等等来的苦闷对社会都是不利的，对自己也是致命伤。反之，倘是忧时忧国，不是为小我打算而是为了社会福利、人类前途而感到的苦闷，因为出发点是正义，是理想，是热爱，所以即有矛盾，对己对人都无害处，倒反能逼自己做出一些小小的贡献来。但此种苦闷也须用智慧来解决，至少在苦闷的时间不能忘了明哲的教训，才不至于转到悲观绝望，用灰色眼镜看事物，才能保持健康的心情继续在人生中奋斗——而惟有如此，自己的小我苦闷才能转化为一种活泼泼的力量而不仅仅成为愤世嫉俗的消极因素；因为愤世嫉俗并不能解决矛盾，也就不能使自己往前迈进一步。由此得出一个结论，我们不怕经常苦闷，经常矛盾，但必须不让这苦闷与矛盾妨碍我们愉快的心情。

二月七日晚

记得你在波兰时期，来信说过艺术家需要有 single-mindedness［一心一意］，分出一部分时间关心别的东西，追求艺术就短少了这部分时间。当时你的话是特别针对某个问题而说的。我很了解（根据切身经验），严格钻研一门学术必须整个儿投身进去。艺术——尤其音乐，反映现实是非常间接的，思想感情必须转化为 emotion［感情］才能在声音中表达，而这一段酝酿过程，时间就很长；一受外界打扰，酝酿过程即会延长，或竟中断。音乐家特别需要集中（即所谓 single-mindedness［一心一意］），原因即在于此。因为音乐是时间的艺术，表达的又是流动性最大的emotion［感情］，往往稍纵即逝——不幸，生在二十世纪的人，头脑装满了多多少少的东西，世界上又有多多少少东西时时刻刻逼你注意；人究竟是社会的动物，不能完全与世隔绝；与世隔绝的任何一种艺术家都不会有生命，不能引起群众的共鸣。经常与社会接触而仍然能保持头脑冷静，心情和平，同时能保持对艺术的新鲜感与专一的注意，的确是极不容易的事。你大概久已感觉到这一点。可是过去你似乎纯用排斥外界的办法（事实上你也做不到，因为你对人生对世界的感触与苦闷还是很多很强烈），而没头没脑的沉浸在艺术里，这不是很健康的做法。我屡屡提醒你，单靠音乐来培养音乐是有很大弊害的。以你的气质而论，我觉得你需要多多跑到大自然中去，也需要不时欣赏造型艺术来调剂。假定你每个月郊游一次，上美术馆一次，恐怕你不仅精神更愉快、更平衡，便是你的音乐表达也会更丰富、更有生命力、更有新面目出现。亲爱的孩子，你无论如何应该试试看！

　　如今你有弥拉代为料理日常琐事，该是很幸福了。但不管你什么理由，某些道义上的责任是脱卸不了的，不能由弥拉代庖。希望能尽量挤出时间，不时给两位以前的老师写几行，短一些无妨，但决不可几月几年的沉默下去！你在本门艺术中意志很强，为何在道义上不同样拿出意志来节约时间，履行你的义务呢？——孩子，你真不知道我多么希望你在人生各方面都有进步！倘你在尊师方面有行动表现，你真是给你爸爸最大的快乐。你要以与亲友通信作为精神上的调剂，就不会视执笔为畏途了。心理一改变，事情就会轻松，试过几回即会明白。

　　一月九日与林先生的画同时寄出的一包书，多半为温习你中文着眼，故特别挑选文笔最好的书——至于艺术与音乐方面的书，英文中有不少扎实的作品。暑中音乐会较少的期间，也该尽量阅读。

二月八日晨

## 四月九日／十五日［译自英文］

亲爱的弥拉：

聪一定记得我们有句谈到智者自甘淡泊的老话，说人心不知足，因此我们不应该受羁于贪念与欲望。这是人所尽知的常识，可是真要实践起来，却非经历生活的艰辛不可。一个人自小到大从未为钱发愁固然十分幸运，从未见过自己的父母经济发生困难也很幸运；但是他们一旦自己成家，就不善理财了。一个人如果少年得志，他就更不善理财，这对他一生为害甚大。众神之中，幸运女神最为反复无常，不怀好意，时常袭人于不备。因此我们希望聪减少演出，降低收入，减少疲劳，减轻压力，紧缩开支，而多享受心境的平静以及婚姻生活的乐趣。亲爱的弥拉，这对你也更好些。归根结底，我相信你们俩对精神生活都比物质生活看得更重，因此就算家中并非样样舒裕也无关紧要——至少目前如此。真正的智慧在于听取忠言，立即实行，因为要一个人生来就聪明是不可能的，身为女人，你不会时常生活在云端里，由于比较实际，你在持家理财上，一定比聪学得更快更容易。

我四岁丧父，二十五岁丧母，所以在现实生活中没有人给我指点（在学识与文化方面亦复如此）。我曾经犯过无数不必要的错误，做过无数不必要的错事，回顾往昔，我越来越希望能使我至爱的孩子们摆脱这些可能遇上但避免得了的错误与痛苦。此外，亲爱的弥拉，因为你生活在一个紧张的物质世界里，我们传统的一部分，尤其是中国的生活艺术（凡事要合乎中庸之道）也许会对你有些好处。你看，我像聪一样是个理想主义者，虽然有时方式不同。你大概觉得我太迂腐，太道貌岸然了吧？

（……）

这两星期我在校阅丹纳《艺术哲学》的译稿，初稿两年前就送给出版社了，但直到现在，书才到排字工人的手中。你知道，从排字到印刷，还得跨一大步，等一大段时日。这是一部有关艺术、历史及人类文化的巨著，读来使人兴趣盎然，获益良多，又有所启发。你若有闲暇，一定得好好精读和研究学习此书。

四月九日

亲爱的孩子，果然不出所料，你的信我们在十三号收到。从伦敦的邮戳看来是七号寄的，所以很快，这封信真好！这么长，有意思及有意义的内容这么多！妈妈跟我两人把信念了好几遍，（每封你跟弥拉写来的信都要读三遍！）每遍都同样使我们兴致勃勃，欣喜莫名！你真不愧为一个现代的中国艺术家，有赤诚的心、凛然的正义感，对一切真挚、纯洁、高尚、美好的事物都衷心热爱，我的教育终于开花结果。你的天赋禀资越来越有所发挥；你是对得起祖国的儿子！你在非洲看到欧属殖民地的种种丑恶行径而感到义愤填膺，这是难怪的，安德烈·纪德（AndreGide）三十年前访问比属刚果，写下《刚果之行》来抗议所见的不平，当时他的印象与愤怒也与你相差无几。你拒绝在南非演出是绝对正确的；当地的种族歧视最厉害，最叫人不可忍受。听到你想为非洲人义演，也使我感到十分高兴。了不起！亲爱的孩子！我们对你若非已爱到无以复加，就要为此更加爱你了。（……）

你们俩就算有时弄得一团糟也不必介怀，只要你们因此得到教训，不再重蹈覆辙就行了，没有人可以自诩从不犯错，可是每个人都能够越来越少犯错误。在私人生活方面，孩子气很可爱，甚至很富有诗意，可是你很明白在严肃的事情及社交场合上，我们必须十分谨慎，处处小心，别忘了英国人基本上是清教徒式的，他们对世情俗务的要求是十分严苛的。

（……）

聪的长信给我们很多启发，你跟我在许多方面十分相像，由于我们基本上都具有现代思想，很受十九世纪的西方浪漫主义以及他们的"世纪病"的影响。除了勤勉工作或专注于艺术、哲学、文学之外，我们永远不会真正感到快乐，永远不会排除"厌倦"，我们俩人都很难逃避世事变迁的影响。现在没时间讨论所有这些以及其他有关艺术的问题，日后再谈吧！

我得提醒聪在写和讲英文时要小心些，我当然不在乎也不责怪你信中的文法错误，你没时间去斟酌文字风格，你的思想比下笔快，而且又时常匆匆忙忙或在飞机上写信，你不必理会我们，不过在你的日常会话中，就得润饰一下，选用比较多样化的形容词、名词及句法，尽可能避免冗赘的字眼及词句，别毫无变化的说"多妙"或"多了不起"，你大可选用"宏伟"、"堂皇"、"神奇"、"神圣"、"超凡"、"至高"、"高尚"、"圣洁"、"辉煌"、"卓越"、"灿烂"、"精妙"、"令人赞赏"、"好"、"佳"、"美"等等字眼，使你的表达方式更多姿多彩，更能表现出感情、感觉、感受及思想的各种层次，就如在演奏音乐一般。要是你不在乎好好选择字眼，长此以往，思想就会变得混沌、单调、呆滞、没有色彩、没有生命。再没有什么比我们的语言更能影响思想的方式了。

（……）

四月十五日

## 四月二十五日

亲爱的孩子：

寄你"武梁祠石刻片"四张，乃系普通复制品，属于现在印的画片一类。

楯片一称拓片,是吾国固有的一种印刷,原则上与过去印木版书、今日印木刻铜刻的版画相同。惟印木版书画先在版上涂墨,然后以白纸覆印;拓片则先覆白纸于原石,再在纸背以布球蘸墨轻拍细按,印讫后纸背即成正面;而石刻凸出部分皆成黑色,凹陷部分保留纸之本色(即白色)。木刻铜刻上原有之图像是反刻的,像我们用的图章;石刻原作的图像本是正刻,与西洋的浮雕相似,故复制时方法不同。

古代石刻画最常见的一种只勾线条,刻画甚浅;拓片上只见大片黑色中浮现许多白线,构成人物鸟兽草木之轮廓;另一种则将人物四周之石挖去,如阳文图章,在拓片上即看到物像是黑的,具有整个形体,不仅是轮廓了。最后一种与第二种同,但留出之图像呈半圆而微凸,接近西洋的浅浮雕。武梁祠石刻则是第二种之代表作。

给你的拓片,技术与用纸都不高明,目的只是让你看到我们远祖雕刻艺术的些少样品。你在欧洲随处见到希腊罗马雕塑的照片,如何能没有祖国雕刻的照片呢?我们的古代遗物既无照相,只有依赖拓片,而拓片是与原作等大,绝未缩小之复本。

武梁祠石刻在山东嘉祥县武氏祠内,为公元二世纪前半期作品,正当东汉(即后汉)中叶。武氏当时是个大地主大官僚,子孙在其墓畔筑有享堂(俗称祠堂)专供祭祀之用。堂内四壁嵌有石刻的图画。武氏兄弟数人,故有武荣祠武梁祠之分,惟世人混称为武梁祠。

同类的石刻画尚有山东肥城县之孝堂山郭氏墓,则是西汉(前汉)之物,早于武梁祠约百年(公元一世纪),且系阴刻,风格亦较古拙厚重。"孝堂山"与"武梁祠"为吾国古雕刻两大高峰,不可不加注意。此外尚有较晚出土之四川汉墓石刻,亦系精品。

石刻画题材自古代神话,如女娲氏补天、三皇五帝等传说起,至圣、贤、豪杰烈士、诸侯之史实轶事，无所不包——其中一部分你小时候在古书上都读过。原作每石有数画，中间连续，不分界线，仅于上角刻有题目，如《老莱子彩衣娱亲》、《荆轲刺秦王》等等。惟文字刻画甚浅，年代剥落，大半无存；今日之下欲知何画代表何人故事，非熟悉《春秋》《左传》《国策》不可；我无此精力，不能为你逐条考据。

武梁祠全部石刻共占五十余石，题材总数更远过于此。我仅有拓片二十余张，亦是残帙，缺漏甚多，兹挑出拓印较好之四纸寄你，但线条仍不够分明，遒劲生动飘逸之美几无从体会，只能说聊胜于无而已。

爸爸　一九六一年四月二十五日

此种信纸（这封信是用木刻水印笺纸写的）即是木刻印刷，今亦不复制造，值得细看一下。

另附法文说明一份，专供弥拉阅读，让她也知道一些中国古艺术的梗概与中国史地的常识。希望她为你译成英文，好解释给你外国友人听；我知道大部分历史与雕塑名词你都不见得会用英文说。倘装在框内，拓片只可非常小心的压平，切勿用力拉直拉平，无数皱下去的地方都代表原作的细节，将纸完全拉直拉平就会失去本来面目，务望与弥拉细说。

又汉代石刻画纯系吾国民族风格。人物姿态衣饰既是标准汉族气味，雕刻风格亦毫无外来影响。南北朝（公元四世纪至六世纪）之石刻，如河南龙门、山西云冈之巨大塑像（其中很大部分是更晚的隋唐作品——相当于公元六至八世纪），以及敦煌壁画等等，显然深受佛教艺术、希腊罗马及近东艺术之影响。

附带告诉你这些中国艺术演变的零星知识，对你也有好处，与西方朋友谈到中国文化，总该对主流支流、本土文明与外来因素，心中有个大体的轮廓才行。以后去大英博物馆巴黎罗浮美术馆，在远东艺术室中亦可注意及之。巴黎还有专门陈列中国古物的Musēe Guimet［吉美博物馆］，值得参观！

## 五月一日

聪：

　　四月十七、二十、二十四,三封信（二十日是妈妈写的）都该收到了吧？三月十五寄你评论摘要一小本（非航空），由妈妈打字装订，是否亦早到了？我们花过一番心血的工作，不管大小，总得知道没有遗失才放心。四月二十六日寄出汉石刻画像拓片四张，二十九日又寄《李白集》十册，《十八家诗钞》二函，合成一包；又一月二十日交与海关检查，到最近发还的丹纳：《艺术哲学·第四编（论希腊雕塑）》手抄译稿一册，亦于四月二十九日寄你。以上都非航空，只是挂号。日后收到望一一来信告知。

　　中国诗词最好是木刻本，古色古香，特别可爱。可惜不准出口，不得已而求其次，就挑商务影印本给你。以后还会陆续寄，想你一定喜欢。《论希腊雕塑》一编六万余字，是我去冬花了几星期工夫抄的，也算是我的手泽，特别给你作纪念。内容值得细读，也非单看一遍所能完全体会。便是弥拉读法文原著，也得用功研究，且原著对神话及古代史部分没有注解，她看起来还不及你读译文易懂。为她今后阅读方便，应当买几部英文及法文的比较完整的字典才好。我会另外写信给她提到。

　　一月九日寄你的一包书内有老舍及钱伯母[①]的作品，都是你旧时读过的。不过内容及文笔，我对老舍的早年作品看法已大大不同。

---

[①] 即杨绛，钱锺书夫人。

从前觉得了不起的那篇《微神》，如今认为太雕琢，过分刻画，变得纤巧，反而贫弱了。一切艺术品都忌做作，最美的字句都要出之自然，好像天衣无缝，才经得起时间考验而能传世久远。比如"山高月小，水落石出"不但写长江中赤壁的夜景，历历在目，而且也写尽了一切兼有幽远、崇高与寒意的夜景；同时两句话说得多么平易，真叫做"天籁"！老舍的《柳家大院》还是有血有肉，活得很——为温习文字，不妨随时看几段。没人讲中国话，只好用读书代替，免得词汇字句愈来愈遗忘——最近两封英文信，又长又详尽，我们很高兴，但为了你的中文，仍望不时用中文写，这是你惟一用到中文的机会了。写错字无妨，正好让我提醒你。不知五月中是否演出较少，能抽空写信来？

　　最近有人批判王氏①的"无我之境"，说是写纯客观，脱离阶级斗争。此说未免褊狭。第一，纯客观事实上是办不到的。既然是人观察事物，无论如何总带几分主观，即使力求摆脱物质束缚也只能做到一部分，而且为时极短。其次能多少客观一些，精神上倒是真正获得松弛与休息，也是好事。人总是人，不是机器，不可能二十四小时只做一种活动。生理上即使你不能不饮食睡眠，推而广之，精神上也有各种不同的活动。便是目不识丁的农夫也有出神的经验，虽时间不过一刹那，其实即是无我或物我两忘的心境。艺术家表现出那种境界来未必会使人意志颓废。例如念了"寒波淡淡起，白鸟悠悠下"两句诗，哪有一星半点不健全的感觉？假定如此，自然界的良辰美景岂不成年累月摆在人面前，人如何不消沉至于不可救药的呢？相反，我认为生活越紧张越需要这一类的调剂，多亲近大自然倒是维持身心平衡最好的办法。近代人的大病即在于拼命损害了

---

① 即王国维。

一种机能（或一切机能）去发展某一种机能，造成许多畸形与病态。我不断劝你去郊外散步，也是此意。幸而你东西奔走的路上还能常常接触高山峻岭，海洋流水，日出日落，月色星光，无形中更新你的感觉，解除你的疲劳。

另一方面，终日在琐碎家务与世俗应对中过生活的人，也该时时到野外去洗掉一些尘俗气，别让这尘俗气积聚日久成为宿垢。弥拉接到我黄山照片后来信说，从未想到山水之美有如此者。可知她虽家居瑞士，只是偶尔在山脚下小住，根本不曾登高临远，见到神奇的景色。在这方面你得随时培养她。此外我也希望她每天挤出时间，哪怕半小时吧，作为阅读之用。而阅读也不宜老拣轻松的东西当做消遣；应当每年选定一二部名著用功细读。比如丹纳的《艺术哲学》之类，若能彻底消化，做人方面，气度方面，理解与领会方面都有进步，不仅仅是增加知识而已。巴尔扎克的小说也不是只供消闲的。像你们目前的生活，要经常不断的阅读正经书不是件容易的事，需要很强的意志与纪律才行。望时常与她提及你老师勃隆斯丹近七八年来的生活，除了做饭、洗衣、照管丈夫孩子以外，居然坚持练琴，每日一小时至一小时半，到今日每月有四五次演出。这种精神值得弥拉学习。

你岳丈灌的唱片，十之八九已听过，觉得以贝多芬的协奏曲与巴赫的 *Solo Sonata*〔《独奏奏鸣曲》〕为最好。Bartok〔巴托克〕不容易领会，Bach〔巴赫〕的协奏曲不及 piano〔钢琴〕的协奏曲动人。不知怎么，polyphonic〔复调〕音乐对我终觉太抽象。便是巴赫的 *Cantata*〔《清唱剧》〕听来也不觉感动。一则我领会音乐的限度已到了尽头，二则一般中国人的气质和那种宗教音乐距离太远——语言的隔阂在歌唱中也是一个大阻碍。（勃拉姆斯的《小提琴协奏曲》似乎不及钢琴协奏曲美，是不是我程度太低呢？）

Louis Kentner［路易斯·坎特讷］似乎并不高明，不知是与你岳丈合作得不大好，还是本来演奏不过尔尔？他的Franck［弗兰克］"奏鸣曲"远不及Menuhin［梅纽因］的violin part［小提琴部分］。"Kreutzer"［"克勒策"］①更差，2nd movement［第二乐章］的变奏曲部分 weak［弱］之至（老是躲躲缩缩，退在后面，便是piano［钢琴］为主的段落亦然如此）。你大概听过他独奏，不知你的看法如何？是不是我了解他不够或竟了解差了？

你往海外预备拿什么节目出去？协奏曲是哪几支？恐怕VanWyck［范怀克］首先要考虑那边群众的好恶；我觉得考虑是应当的，但也不宜太迁就。最好还是挑自己最有把握的东西。真有吸引力的还是一个人的本色，而保持本色最多的当然是你理解最深的作品。在英国少有表演机会的Bartok［巴托克］、Prokofiev［普罗科菲耶夫］等现代乐曲，是否上那边去演出呢？前信提及Cuba［古巴］演出可能，还须郑重考虑，我觉得应推迟一二年再说！暑假中最好结合工作与休息，不去远地登台，一方面你们俩都需要放松，一方面你也好集中准备海外节目。七月中去不去维也纳灌贝多芬第一、第四？——问你的话望当场记在小本子上或要弥拉写下，待写信时答复我们。举手之劳，我们的问题即有着落。

上次信上要你再汇二十镑去港，想必会照办。新加坡刘抗伯伯前星期又寄了一千鱼肝油丸来，故人情意，着实可感。干妈来信，她托指挥德人Scherchen之女（母是中国人，已离婚）带给弥拉一手镯，据说是故宫宫女旧物。尚有挑花出口手帕一匣。收到后望弥拉立即去信道谢。又称思宏夫妇到处巡回，行踪无定，购唱片款，将另托港友代汇四十镑；惟非至亲，已先去信征求同意。干妈知道你

---

① 指贝多芬的《"克勒策"奏鸣曲》，即《第九小提琴奏鸣曲》。

们开支浩大，特意嘱咐你待汇款到后，再办不迟。去冬寄你岳父之作品，未得回信，便中可问问，是否收到。你们三月初寄的食物包亦尚未到。我们的一份当然一样。恐与二月初的情形相同，仍从海上慢悠悠的运来。

敏的情形前信已提及一二。他有个长处，就是刻苦能忍，意志相当强。

写得够了，下次再谈，诸事珍重！

爸爸　六一年五月一日

## 五月二十三日

亲爱的孩子：

越知道你中文生疏，我越需要和你多写中文；同时免得弥拉和我们隔膜，也要尽量写英文。有时一些话不免在中英文信中重复，望勿误会是我老糊涂。从你婚后，我觉得对弥拉如同对你一样负有指导的责任：许多有关人生和家常琐事的经验，你不知道还不打紧，弥拉可不能不学习，否则如何能帮助你解决问题呢？既然她自幼的遭遇不很幸福，得到父母指点的地方不见得很充分，再加西方人总有许多观点与我们有距离，特别在人生的淡泊、起居享用的俭朴方面，我更认为应当逐渐把我们东方民族（虽然她也是东方血统，但她的东方只是徒有其名了！）的明智的传统灌输给她。前信问你有关她与生母的感情，务望来信告知。这是人伦至性，我们不能不关心弥拉在这方面的心情或苦闷。

五月十一日（邮戳是十三日）的信，今晨收到，确是慢了一些。我五月十一日的信，你十六日即收到，快得出人意外。萧伯母五月十六日来信（昨日收到）说"今午接聪二十镑，英文信是四月二十九日，大概是聪少奶写的。奇怪的是一个月前寄的十五镑尚未收到，也许没有寄出吧？"——今接来信，原来你第一次汇款还是用的航空。四月初自伦敦发，五月十六日尚未到港，决无此理。我看多半是遗失了。望抽空向邮局查问。但若原收据已丢失，就无法查询。假定如此，但愿这次教训使你永远学会保存银钱汇款等等收条单据！不愿意把物质的事挂在嘴边是一件事，不糊里糊涂莫名其妙的丢失钱是另一件事！这是我与你大不相同之处。我也觉得提到阿堵物是俗气，可是我年轻时母亲（你的祖母）对我的零用抓得极紧，加上二十四岁独立当家，收入不丰；所以比你在经济上会计算，会筹划，尤其比你原则性强。当然，这些对你的艺术家气质不很调和，但也只是对像你这样的艺术家是如此；精明能干的艺术家也有的是。萧邦即是一个有名的例子：他从来不让出版商剥削，和他们谈判条件从不怕烦。你在金钱方面的洁癖，在我们眼中是高尚的节操，在西方拜金世界和吸血世界中却是任人鱼肉的好材料。我不和人争利，但也绝不肯被人剥削，遇到这种情形不能不争——这也是我与你不同之处。但你也知道，我争的还是一个理而不是为钱，争的是一口气而不是为的利。在这一点上你和我仍然相像。

总而言之，理财有方法，有系统，并不与重视物质有必然的联系，而只是为了不吃物质的亏而采取的预防措施；正如日常生活有规律，并非求生活刻板枯燥，而是为了争取更多的时间，节省更多的精力来做些有用的事，读些有益的书，总之是为了更完美的享受人生。

一九四五年我和周伯伯写的文章每字每句脱不了罗曼•罗兰的气息和口吻，我苦苦挣扎了十多天，终于摆脱了，重新找到了我自己的文风。这事我始终不能忘怀。你现在思想方式受外国语文束缚，与我当时受罗曼•罗兰（翻了他一百二十万字的长篇自然免不了受影响）的束缚有些相似，只是你生活在外国语文的环境中，更不容易解脱，但并非绝对不可能解决。例如我能写中文，也能写法文和英文，固然时间要花得多一些，但不至于像你这样二百多字的一页中文（在我应当是英文——因我从来没有实地应用英文的机会）要花费一小时。问题在于你的意志，只要你立意克服，恢复中文的困难早晚能克服。我建议你每天写一些中文日记，便是简简单单写一篇三四行的流水账，记一些生活琐事也好，惟一的条件是有恒。倘你天天写一二百字，持续到四五星期，你的中文必然会流畅得多——最近翻出你一九五〇年十月昆明来信，读了感慨很多。到今天为止，敏还写不出你十六岁时写的那样的中文。既然你有相当根基，恢复并不太难，希望你有信心，不要胆怯，要坚持，持久！你这次写的第一页，虽然气力花了不少，中文还是很好，很能表达你的真情实感——要长此生疏下去，我倒真替你着急呢！我竟说不出我和你两人为这个问题谁更焦急。可是干着急无济于事，主要是想办法解决，想了办法该坚决贯彻！再告诉你一点：你从英国写回来的中文信，不论从措辞或从风格上看，都还比你的英文强得多，因为你的中文毕竟有许多古书做底子，不比你的英文只是浮光掠影撷拾得来的。你知道了这一点应该更有自信心了吧！

　　柏辽兹我一向认为最能代表法兰西民族，最不受德、意两国音乐传统的影响。《基督童年》一曲朴素而又精雅，热烈而又含蓄，虔诚而又健康，完全写出一个健全的人的宗教情绪，广义的宗教情绪，对一切神圣、纯洁、美好、无邪的事物的崇敬。来信说得很对，那个曲子又有热情又有恬静，又兴奋又淡泊，第二段的古风尤其可爱。怪不得当初巴黎的批评家都受了骗，以为真是新发现的十七世纪法国教士作的。但那 narrator［叙述者］唱得太过火了些，我觉得家中原有老哥伦比亚的一个片段比这个新片更素雅自然。可惜你不懂法文，全篇唱词之美在英文译文中完全消失了。我对照看了几段，简直不能传达原作的美于万一！（原文写得像《圣经》一般单纯！可是多美！）想你也知道全部脚本是出于柏辽兹的手笔。

你既对柏辽兹感到很大兴趣，应当赶快买一本罗曼·罗兰的《今代音乐家》（Romain Rolland：*Musiciens d'Aujourd'hui*），读一读论柏辽兹的一篇。（那篇文章写得好极了！）倘英译本还有同一作者的《古代音乐家》（*Musiciens d'Autrefois*）当然也该买。正因为柏辽兹完全表达他自己，不理会也不知道（据说他早期根本不知道巴赫）过去的成规俗套，所以你听来格外清新、亲切、真诚，而且独具一格。也正因为你是中国人，受西洋音乐传统的熏陶较浅，所以你更能欣赏独往独来，在音乐上追求自由甚于一切的柏辽兹。而也由于同样的理由，我热切期望未来的中国音乐应该是这样一个境界。为什么不呢？俄罗斯五大家不也由于同样的理由爱好柏辽兹吗？同时，不也是由于同样的理由，穆索尔斯基对近代各国的乐派发生极大的影响吗？

林先生的画寄至国外无问题。我也最高兴让我们现代的优秀艺术家在西方多多露面。要不是有限制，我早给你黄先生的作品了。但我仍想送一二张去文管会审定，倘准予出口，定当寄你。林先生的画价本不高，这也是他的好处。可是我知道国外看待一个陌生的外国画家，多少不免用金钱尺度来衡量；为了维持我国艺术家在国外的地位，不能不让外国朋友花较多的钱（就是说高于林先生原定价）。以欧洲的绘画行市来说，五十镑一幅还是中等价钱。所以倘是你的朋友们买，就让他们花五十镑一幅吧。钱用你的名义汇给我，汇出后立即来信通知寄出日期和金额。画由我代选，但望说明要风景还是人物，或是花卉——倘你自己也想要，则切实告知要几张，风景或人物，或花卉，你自购部分只消每幅二十镑，事实上还不需此数，但做铅皮筒及寄费为数也不很小。目前我已与林先生通过电话，约定后天由妈妈去挑一批回家，再由我细细看几天，复选出几张暂时留存，等你汇款通知到后即定做铅皮筒（也不简单，因为材料和工匠皆极难找到），做好即寄。倘用厚的马粪纸做成长筒，寄时可作印刷品，寄费既廉，而且迅速；无奈市上绝无好马粪纸可买。关于林先生的画价，我只说与你一人知道，即弥拉亦不必告知！

你必须先收到朋友的钱再汇款，切勿代垫！有时朋友们不过随口说说，真要付款时又变卦了。所以你得事先完全问个确实，并收到了钱再汇出。我们一家都太老实，把人家的话句句当真，有时弄得自己为难，这种教训受得多了，不能不预先告诉你。还有，希望你关于此事速速问明朋友，马上复信。我把林先生的作品留在家中，即使是三四张吧，长久不给人回音，也是我最不喜欢的！为了伦敦进口时的关税，最好别人要的，直接由我们寄去，但地址人名一定要写得非常清楚，切切！

四月二十六日寄你的四幅石刻画像，大概此信到时也可收到。记得你初至伦敦时有位太太借琴给你，她家也藏中国画，你可考虑是否送她一幅石刻，一方面还她人情，一方面也是海外希见的中国真迹复制品。但此物得之不易，等闲之辈切勿随便赠送。

丹纳原书的确值得细读，而且要不止一遍的读，你一定会欣赏。暂时寄你的只限于希腊部分，也足够你细细回味和吸收了。

你说的很对，"学然后知不足"，只有不学无术或是浅尝即止的人才会自大自满。我愈来愈觉得读书太少，聊以自慰的就是还算会吸收、消化、贯通。像你这样的艺术家，应当无书不读，像Busoni[布索尼]、Hindemith[欣德米特]那样。就因为此，你更需和弥拉俩妥善安排日常生活，一切起居小节都该有规律有计划，才能挤出时间来。当然，艺术家也不能没有懒洋洋的耽于幻想的时间，可不能太多，否则成了习惯就浪费光阴了。没有音乐会的期间也该有个计划，哪几天招待朋友，哪几天听音乐会，哪几天照常练琴，哪几天读哪一本书。一朝有了安排，就不至于因为无目的无任务而感到空虚与烦躁了。这些琐琐碎碎的项目其实就是生活艺术的内容。否则空谈"人生也是艺术"，究竟指什么呢？对自己有什么好处呢？但愿你与弥拉多谈谈这些问题，定出计划来按部就班的做去。最要紧的是定的计划不能随便打破或打乱。你该回想一下我的作风，可以加强你实践的意志。你初订婚时不是有过指导弥拉的念头吗？现在成了家，更当在实际生活中以身作则，用行动来感染她！

　　正如你说的，你和我在许多地方太相像了，不知你在小事情的脾气上是否常常把爸爸作为你的警戒？弥拉还是孩子，你更得优容些，多用善言劝导，多多坐下来商量，切勿遇事烦躁，像我这样。你要能不犯你爸爸在这方面的错误，我就更安心更快活了。

五月二十三日

## 六月二十六日晚

亲爱的孩子：

　　六月十八日信（邮戳十九）今晨收到。虽然花了很多钟点，信写得很好。多写几回就会感到更容易更省力。最高兴的是你的民族性格和特征保持得那么完整，居然还不忘记："一箪食（读如"嗣"）一瓢饮，回也不改其乐。"惟有如此，才不致被西方的物质文明湮没。你屡次来信说我们的信给你看到和回想到另外一个世界，理想气息那么浓的、豪迈的、真诚的、光明正大的、慈悲的、无我的（即你此次信中说的 idealistic, generous, devoted, loyal, kind, selfless）世界。我知道东方西方之间的鸿沟，只有豪杰之士，领悟颖异、感觉敏锐而深刻的极少数人方能体会。换句话说，东方人要理解西方人及其文化和西方人理解东方人及其文化同样不容易。即使理解了，实际生活中也未必真能接受。这是近代人的苦闷：既不能闭关自守，东方与西方各管各的生活，各管各的思想，又不能避免两种精神两种文化两种哲学的冲突和矛盾。当然，除了冲突与矛盾，两种文化也彼此吸引，相互之间有特殊的魅力使人神往。东方的智慧、明哲、超脱，要是能与西方的活力、热情、大无畏的精神融合起来，人类可能看到另一种新文化出现。西方人那种孜孜矻矻，白首穷经，只知为学，不问成败的精神还是存在（现在和克利斯朵夫的时代一样存在），值得我们学习。你我都不是大国主义者，也深恶痛绝大国主义，但你我的民族自觉、民族自豪和爱国热忱并无一星半点的排外意味。相反，这是一个有根有蒂的人应有的感觉与感情。每次看到你有这种表现，我都快活得心儿直跳，觉得你不愧为中华民族的儿子！妈妈也为之自豪，对你特别高兴，特别满意。

分析你岳父的一段大有见地，但愿作为你的借鉴。你的两点结论，不幸的婚姻和太多与太早的成功是艺术家最大的敌人，说得太中肯了。我过去为你的婚姻问题操心，多半也是从这一点出发。如今弥拉不是有野心的女孩子，至少不会把你拉上热衷名利的路，让你能始终维持艺术的尊严，维持你严肃朴素的人生观，已经是你的大幸。还有你淡于名利的胸怀，与我一样的自我批评精神，对你的艺术都是一种保障。但愿十年二十年之后，我不在人世的时候，你永远能坚持这两点。恬淡的胸怀，在西方世界中特别少见，希望你能树立一个榜样！

说到弥拉，你是否仍和去年八月初订婚时来信说的一样预备培养她？不是说培养她成一个什么专门人才，而是带她走上严肃、正直、坦白、爱美、爱善、爱真理的路。希望以身作则，鼓励她多多读书,有计划有系统的正规的读书,不是消闲趋时的读书。你也该培养她的意志:便是有规律有系统的处理家务、掌握家庭开支、经常读书等等,都是训练意志的具体机会。不随便向自己的fancy〔幻想,一时的爱好〕让步,也不随便向你的fancy〔幻想,一时的爱好〕让步,也是锻炼意志的机会。孩子气是可贵的,但决不能损害taste〔品味,鉴赏力〕,更不能影响家庭生活、起居饮食的规律。有些脾气也许一辈子也改不了,但主观上改,总比听其自然或是放纵(即所谓 indulging)好,你说对吗?弥拉与我们通信近来少得多,我们不怪她,但那也是她道义上感情上的一种责任。我们原谅她是一回事,你不从旁提醒她可就不合理,不尽你督促之责了。做人是整体的,对我们经常写信也表示她对人生对家庭的态度。你别误会,我再说一遍,别误会我们嗔怪她,而是为了她太年轻,需要养成一个好作风,处理实际事务的严格的态度。以上的话主要是为她好,而不是仅仅为我们多得一些你们消息的快乐。可是千万注意,和她提到给我们写信的时候,说话要和软,否则反而会影响她与我们的感情。翁姑与媳妇的关系与父母子女的关系大不相同,你慢慢会咂摸到,所以处理要非常细致。

最近几次来信,你对我们托办的事多半有交代,我很高兴。你终于在实际生活方面也成熟起来了,表示你有头有尾,责任感更强了。你的录音机迄未置办,我很诧异;照理你布置新居时,应与床铺在预算表上占同样重要的地位。在我想来,少一两条地毯倒没关系,少一架好的录音机却太不明智。足见你们俩仍太年轻,分不出轻重缓急。但愿你去美洲回来就有能力置办!

十日前向巴黎书店定了一批法文书,大半是各种字典和参考书。我手头常用的法文字典(不是大部的)破烂不堪,无法再用,三十年来这已经是第二部了。现在不能再换新的。还有许多工具书亦是翻译工作上不可缺的。可是又要花费你数十镑（确数不知，因手头无价目单），不知会不会影响你的开支？心里有点急。

仓布伯伯①向巴黎去信，得到的回音是德国corogne来的，价值35马克，另加五六个马克寄费，大概统共不会超过二镑。伦敦潮湿，而且你们俩都容易伤风，我看你们也该买一架。我已去信叫仓布伯伯把德国的信寄我，我当打一副本寄你，你即可按址汇钱去要他们迳寄上海。

林先生现在内蒙一带旅行，下月初才能回来。三分之二的画需要他亲自装裱（上回两张亦是他自己动手裱的）；预计至早当于七月二十日左右寄出。大概一共寄你九张。除早已肯定要的友人，你收到款子后即汇来之外，其余的尽管慢慢待价而沽。林先生也绝对不急，倒是担心你代人受过。此次寄的画多，即使写明GIFT［礼品］，恐仍有纳税可能。若果如此，将来可将关税平均摊在每幅画上，另外向购画人收取。若有困难，则可在画款项下扣除税款，林先生决不计较。

我早料到你读了《论希腊雕塑》以后的兴奋。那样的时代是一去不复返的了，正如一个人从童年到少年那个天真可爱的阶段一样。也如同我们的先秦时代、两晋六朝一样。近来常翻阅《世说新语》（正在寻一部铅印而篇幅不太笨重的预备寄你），觉得那时的风流文采既有点儿近古希腊，也有点儿像文艺复兴时期的意大利；但那种高远、恬淡、素雅的意味仍然不同于西方文化史上的任何一个时期。人真是奇怪的动物，文明的时候会那么文明，谈玄说理会那么隽永，野蛮的时候又同野兽毫无分别，甚至更残酷。奇怪的是这两个极端就表现在同一批人同一时代的人身上。两晋六朝多少野心家，

---

① 傅雷表哥顾仓布，先于傅雷留法学纺织。

想夺天下、称孤道寡的人，坐下来清谈竟是深通老庄与佛教哲学的哲人！

韩德尔的神剧固然追求异教精神，但他毕竟不是公元前四五世纪的希腊人，他的作品只是十八世纪一个意大利化的日耳曼人向往古希腊文化的表现。便是《赛米里》吧，口吻仍不免带点儿浮夸（pompous）。这不是韩德尔个人之过，而是民族与时代之不同，绝对勉强不来的。将来你有空闲的时候（我想再过三五年，你音乐会一定可大大减少，多一些从各方面进修的时间），读几部英译的柏拉图、色诺芬一类的作品，你对希腊文化可有更多更深的体会。再不然你一朝去雅典，尽管山陵剥落（如丹纳书中所说）面目全非，但是那种天光水色（我只能从亲目见过的罗马和那不勒斯的天光水色去想象），以及巴台农神庙的废墟，一定会给你强烈的激动，狂喜，非言语所能形容，好比四五十年以前邓肯在巴台农废墟上光着脚不由自主的跳起舞来（《邓肯（Duncun）自传》，倘在旧书店中看到，可买来一读）。真正体会古文化，除了从小"泡"过来之外，只有接触那古文化的遗物。我所以不断寄吾国的艺术复制品给你，一方面是满足你思念故国，缅怀我们古老文化的饥渴，一方面也想用具体事物来影响弥拉。从文化上、艺术上认识而爱好异国，才是真正认识和爱好一个异国；而且我认为也是加强你们俩精神契合的最可靠的链锁。

石刻画你喜欢吗？是否感觉到那是真正汉族的艺术品，不像敦煌壁画云冈石刻有外来因素。我觉得光是那种宽袍大袖、简洁有力的线条、浑合的轮廓、古朴的屋宇车辆、强劲雄壮的马匹，已使我看了怦然心动，神游于两千年以前的天地中去了（装了框子看更有效果）。

十八家诗钞以外，李白诗文集想也收到了吧？给你的两把扇子你觉得怎样？最好平日张开着放在玻璃柜内欣赏。给弥拉的檀香扇，买不到更好的。且檀香女扇一向没有画得好的。从这个小包看，东西毕竟是从苏联转的，否则五月十二日寄的包不可能在六月十八日前收到。

几个月来做翻译巴尔扎克《幻灭》三部曲的准备工作，七百五十余页原文，共有一千一百余生字。发个狠每天温三百至四百生字，大有好处。正如你后悔不早开始把萧邦的 *Etudes*〔《练习曲》〕作为每天的日课，我也后悔不早开始记生字的苦功。否则这部书的生字至多只有二三百。倘有钱伯伯那种记忆力，生字可减至数十。天资不足，只能用苦功补足。我虽到了这年纪，身体挺坏，这种苦功还是愿意下的。

你对 Michelangeli〔米开兰琪利〕的观感大有不同，足见你六年来的进步与成熟。同时，"曾经沧海难为水"，"登东山而小鲁，登泰山而小天下"，也是你意见大变的原因。伦敦毕竟是国际性的乐坛，你这两年半的逗留不是没有收获的。

最近在美国的《旅行家》杂志（*National Geographic*）上读到一篇英国人写的爱尔兰游记，文字很长，图片很多。他是三十年中第二次去周游全岛，结论是："什么是爱尔兰最有意思的东西？——是爱尔兰人。"这句话与你在都柏林匆匆一过的印象完全相同。

听说马先生有过一个学生，叫盛中国，无论音乐或技巧都极好，已送去留苏，跟科岗学，已有一年，明年参加柴可夫斯基比赛，大有希望。告诉你这消息，你一定高兴。马先生二个月以前亲自指挥，在京演出他的新作《第二交响乐》。内容如何，成绩如何，都不得而知。

以上写了三个半小时，累得很了，还得写英文的呢！望多多休息，勿熬夜太过！

爸爸　六月二十六日晚七时

李先生要的谱,别忘了,她对你、对我们都太好了。还有,仓布伯伯要的东西也别忘了,我当年去法国全是受了仓布伯伯的影响与感染,事实上也得到他很大帮助,否则你祖母不肯让我走的,尤其是只身远行。要是我不去法国,很难想象会给你那种艺术教育。这一段历史你该知道,也该记住。而我对帮助过我的亲友,终身铭记在心,有机会就想报答他们于万一。

莫尼卡处有否去信?别再拖拉了!像她那种朋友,你一年至少也该去二三封信才对得起人!

吃过晚饭,又读了一遍(第三遍)来信。你自己说写得乱七八糟,其实并不。你有的是真情实感,真正和真实的观察、分析、判断,便是杂乱也乱不到哪里去。中文也并未退步;你爸爸最挑剔文字,我说不退步你可相信是真的不退步。而你那股热情和正义感不知不觉洋溢于字里行间,教我看了安慰、兴奋……有些段落好像是我十几年来和你说的话的回声……你没有辜负园丁!

老好人往往太迁就,迁就世俗,迁就褊狭的家庭愿望,迁就自己内心中不大高明的因素;而真理和艺术需要高度的原则性和永不妥协的良心。物质的幸运也常常毁坏艺术家。可见艺术永远离不开道德——广义的道德,包括正直、刚强、斗争(和自己的斗争以及和社会的斗争)、毅力、意志、信仰……

的确,中国优秀传统的人生哲学,很少西方人能接受,更不用说实践了。比如"富贵于我如浮云"在你我是一条极崇高极可羡的理想准则,但像巴尔扎克笔下的那些人物,正好把富贵作为人生最重要的,甚至是惟一的目标。他们那股向上爬,求成功的蛮劲与狂热,我个人简直觉得难以理解。也许是气质不同,并非多数中国人全是那么淡泊。我们不能把自己人太理想化。

你提到英国人的抑制（inhibition），其实正表示他们犷野强悍的程度，不能不深自敛抑，一旦决堤而出，就是莎士比亚笔下的那些人物，如麦克白斯、奥赛罗等等，岂不wild［狂放］到极点？

Bath［巴斯］在欧洲亦是鼎鼎大名的风景区和温泉疗养地，无怪你觉得是英国最美的城市。看了你寄来的节目，其中几张风景使我回想起我住过的法国内地古城：那种古色古香，那种幽静与悠闲，至今常在梦寐间出现。说到这里，希望你七月去维也纳，百忙中买一些美丽的风景片给我。爸爸坐井观天，让我从纸面上也接触一下贝多芬、莫扎特、舒伯特住过的名城！

见到你岳父母，千万代我问候。这是应有的礼貌，为了你爸爸你决不可疏忽，切切切切！

忘了告诉你：十四日汇的四十镑已于二十二日收到，和信一样快。

此信可将大意说与弥拉听，对她也有教育作用。给她的英文信你也该细读一遍。

勃隆斯丹有信给你么？别忘了，送她的新出的 4 *Ballads*（四支《叙事曲》）的片子。

写完信忽然想到你七月灌音既是solo［独奏］，决无去维也纳之理，想必就在伦敦了。届时对钢琴务必严格挑选，不能迁就。灌音既非小事，片子传播也广，还流传相当时期，你又特别费力，应当郑重。且独奏家挑剔乐器也是常事，千万坚持，并宜及早声明！

## 六月二十七日［译自英文］

最亲爱的弥拉：

要是我写一封长长的中文信给聪，而不给你写几行英文信，我就会感到不安。写信给你们两个，不仅是我的责任，也是一种抑止不住的感情，想表达我对你的亲情与挚爱。最近十个月来，我们怎么能想起聪而不同时想到你呢？在我们心目中，你们两个已经不知不觉的合二而一了。但是为了使聪不致于忘记中文，我必须多用中文给他写信，所以你看，每次我给你们写信时就不得不写两封。

（……）

妈妈和我都很高兴见到聪在现实生活中变得成熟些了，这当然是你们结合的好影响。你们结婚以来，我觉得聪更有自信了。他的心境更为平静，伤感与乖戾也相应减少，虽则如此，他的意志力，在艺术方面之外，仍然薄弱，而看来你在这方面也不太坚强。最好随时记得这一点，设法使两人都能自律，都能容忍包涵。在家中维持有条理的常规，使一切井井有条，你们还年轻，这些事很难付诸实行并坚持下去，可是养成良好习惯，加强意志力永远是件好事，久而久之，会受益无穷。

一个人（尤其在西方）一旦没有宗教信仰，道德规范就自动成为生活中惟一的圭臬。大多数欧洲人看到中国人没有宗教（以基督教的眼光来看），而世世代代以来均能维系一个有条有理、太平文明的社会，就大感惊异，秘密在于这世上除了中国人，再没有其他民族是这样自小受健全的道德教训长大的。你也许已在聪的为人方面看到这一点，我们的道德主张并不像西方的那么"拘谨"，而是一种非常广义的看法，相信人生中应诚实不欺，不论物质方面或精神方面，均不计报酬，像基督徒似的冀求一个天堂。我们深信，人应该为了善、为了荣誉、为了公理而为善，而不是为了惧怕永恒的惩罚，也不是为了求取永恒的福祉。在这一意义上，中国人是文明世界中真正乐观的民族。在中国，一个真正受过良好教养和我们最佳传统与文化熏陶的人，在不知不觉中自然会不逐名利，不慕虚荣，满足于一种庄严崇高,但物质上相当清贫的生活。这种态度,你认为是不是很理想很美妙?

亲爱的孩子,有没有想过我在E-No.17 信中所引用的孟德斯鸠的名言:"树人如树木,若非善加栽培,必难欣欣向荣"?假如你想听取孟德斯鸠的忠言,成为一棵"枝叶茂盛"的植物,那么这是开始自我修养的时候了。开始时也许在聪忙于演出的日子,你可以有闲暇读些正经书,我建议你在今夏看这两本书:丹纳的《艺术哲学》和Etiemble〔埃蒂昂勃勒〕的《新西游记》(这本书我有两册,是作者送的,我会立即寄一本给你)。读第一本书可使你对艺术及一般文化历史有所认识,第二本可促进你对现代中国的了解。

如果你可以在旧书店里找到一本罗素的《幸福之路》,也请用心阅读,这本书虽然是三十年前写的,可是因为书中充满智慧及富有哲理的话很多,这些话永远不会过时,所以对今日的读者,仍然有所裨益。希望你也能念完《约翰·克利斯朵夫》。像你这样一位年轻的家庭主妇要继续上进,终身坚持自我教育,是十分困难的,我可以想象得出你有多忙,可是这件事是值得去努力争取的。妈妈快四十九岁了,仍然"挣扎"着每天要学习一些新东西(学习英语)。我有没有告诉过你,勃隆斯丹太太跟一般中产阶级的家庭主妇一样忙,可是她仍然每天坚持练琴(每日只练一小时至一小时半,可是日久见功),还能演奏及上电台播音。这种勇气与意志的确叫人激赏,几乎可说是英雄行径!

## 七月七日晚

亲爱的孩子:

《近代文明中的音乐》和你岳父的传记,同日收到。接连三个下午看完传记,感想之多,情绪的波动,近十年中几乎是绝无仅有的经历。写当代人的传记有一个很大的便宜,人证物证多,容易从四面八方搜集材料,相互引证、核对。当然也有缺点:作者与对象之间距离太近,不容易看清客观事实和真正的面目;当事人所牵涉的人和事大半尚在目前,作者不能毫无顾虑,内容的可靠性和作者的意见难免打很大的折扣。总的说来,马吉道夫写得很精彩;对人生、艺术、心理变化都有深刻的观察和真切的感受;taste[趣味]不错,没有过分的恭维。作者本人的修养和人生观都相当深广。许多小故事的引用也并非仅仅为了吸引读者,而是旁敲侧击的烘托出人物的性格。

你大概马上想象得到,此书对我有特殊的吸引力。教育儿童的部分,天才儿童的成长及其苦闷的历史,缺乏苦功而在二十六岁至三十岁之间闭门(不是说绝对退隐,而是独自摸索)补课,两次的婚姻和战时战后的活动,都引起我无数的感触。关于教育,你岳父的经历对你我两人都是一面镜子。我许多地方像他的父母,不论是优点还是缺点,也有许多地方不及他的父母,也有某些地方比他们开明。我很庆幸没有把你关在家里太久,这也是时代使然,也是你我的个性同样倔强使然。父母子女之间的摩擦与冲突,甚至是反目,当时虽然对双方都是极痛苦的事,从长里看对儿女的成长倒是利多弊少。你祖岳母的骄傲简直到了不近人情的地步,完全与她的宗教信仰不相容——世界上除了回教我完全茫然以外,没有一个宗教不教人谦卑和隐忍,不教人克制骄傲和狂妄的。可是她对待老友Goldman[哥尔门]的态度,对伊虚提在台上先向托斯卡尼尼鞠躬的责备,竟是发展到自高自大、目空一切的程度。她教儿女从小轻视金钱权势,不向政治与资本家低头,不许他们自满,惟恐师友宠坏他们,这一切当然是对的。她与她丈夫竭力教育子女,而且如此全面，当然也是正确的，可敬可佩的；可是归根结底，她始终没有弄清楚教育的目的，只笼笼统统说要儿女做一个好人，哪怕当鞋匠也不妨；她却并未给好人（honest man）二字下过定义。在我看来，她的所谓好人实在是非常狭小的，限于 respectable ［正派的］而从未想到更积极更阔大的天地和理想。假如她心目中有此意念，她必然会鼓励孩子"培养自己以便对社会对人类有所贡献"。她绝未尊敬艺术，她对真、美、善毫无虔诚的崇敬心理；因此她看到别人自告奋勇帮助伊虚提（如埃尔曼资助他去欧洲留学，哥尔门送他 Prince K ［王子K］……小提琴等等）并不有所感动，而只觉得自尊心受损。她从未认识人的伟大是在于帮助别人，受教育的目的只是培养和积聚更大的力量去帮助别人，而绝对不是盲目的自我扩张。梅纽因老夫人只看见她自己、她一家、她和丈夫的姓氏与种族；所以她看别人的行为也永远从别人的自私出发。自己没有理想，如何会想到茫茫人海中竟有具备理想的人呢？她学向丰富，只缺少一个高远的理想作为指南针。她为人正直，只缺少忘我的牺牲精神——她为儿女是忘我的，是有牺牲精神的；但"为儿女"实际仍是"为她自己"；她没有急公好义、慷慨豪侠的仁慈！幸亏你岳父得天独厚，凡是家庭教育所没有给他的东西，他从音乐中吸收了，从古代到近代的乐曲中，从他接触的前辈，尤其埃奈斯库身上得到了启示。他没有感染他母亲那种狭窄、闭塞、贫乏、自私的道德观（即西方人所谓的 prudery ［拘谨］）。也幸而残酷的战争教了他更多的东西，扩大了他的心灵和胸襟，烧起他内在的热情……你岳父今日的成就，特别在人品和人生观方面，可以说是 in spite of his mother ［虽有母如此，亦不受影响］。我相信真有程度的群众欣赏你岳父的地方（仍是指艺术以外的为人），他父母未必体会到什么伟大。但他在海牙为一个快要病死的女孩子演奏 Bach ［巴赫］的 *Chaconne* ［《夏空》］，以及他一九四七年在柏林对犹太难民的说话，以后在以色列的表现等等，我认为是你岳父最了不起的举动，符合我们威武不能屈的古训。

书中值得我们深思的段落，多至不胜枚举，对音乐，对莫扎特、巴赫直到巴托克的见解；对音乐记忆的分析，小提琴技术的分析，还有对协奏曲（和你一开始即浸入音乐的习惯完全相似）的态度，都大有细细体会的价值。他的两次 re-study［重新学习］（最后一次是一九四二至一九四五年）你都可作为借鉴。

了解人是一门最高深的艺术，便是最伟大的哲人、诗人、宗教家、小说家、政治家、医生、律师，都只能掌握一些原则，不能说对某些具体的实例——个人——有彻底的了解。人真是矛盾百出，复杂万分，神秘到极点的动物。看了传记，好像对人物有了相当认识，其实还不过是一些粗疏的概念。尤其他是性情温和、从小隐忍惯的人，更不易摸透他的底。我想你也有同感。

你上次信中分析他的话，我不敢下任何断语。可是世界上就是到处残缺，没有完善的人或事。大家说他目前的夫人不太理想，但弥拉的母亲又未尝使他幸福。他现在的夫人的确多才多艺，精明强干，而连带也免不了多才多艺和精明强干带来的缺点。假如你和其他友人对你岳父的看法不错，那也只能希望他的艺术良心会再一次觉醒，提到一个新的更高的水平，再来一次严格的自我批评。是否会有这幸运的一天，就得看他的生命力如何了。人的发展总是波浪式的，和自然界一样：低潮之后还有高潮再起的可能，峰回路转，也许"柳暗花明又一村"，又来一个新天地呢！所以古人说对人要"盖棺论定"。

多少零星的故事和插曲也极有意义。例如埃尔加抗议纽曼对伊虚提演奏他《小提琴协奏曲》的评论：纽曼认为伊虚提把第二乐章表达太甜太luscious［腻］，埃尔加说他写的曲子，特别那个主题本身就是甜美的，luscious［腻］，"难道英国人非板起面孔不可吗？我是板起面孔的人吗？"可见批评家太着重于一般的民族性，作家越出固有的民族性，批评家竟熟视无睹，而把他所不赞成的表现归罪于演奏家。而纽曼还是世界上第一流的学者兼批评家呢！可叹学问和感受和心灵往往碰不到一起，感受和心灵也往往不与学问合流。要不然人类的文化还可大大的进一步呢！巴托克听了伊虚提演奏他的《小提琴协奏曲》后说："我本以为这样的表达只能在作曲家死了长久以后才可能。"可见了解同时代的人推陈出新的创造的确不是件容易的事。然而我们又不能执著Elgar［埃尔加］对Yehudi［伊虚提］的例子，对批评家的言论一律怀疑。我们只能依靠自我批评精神来作取舍的标准，可是我们的自我批评精神是否永远可靠、不犯错误(infallible)呢？是否我们常常在应该坚持的时候轻易让步而在应当信从批评家的时候又偏偏刚愎自用、顽固不化呢？我提到这一点，因为你我都有一个缺点：好辩。人家站在正面，我会立刻站在反面；反过来亦然。而你因为年轻，这种倾向比我更强。但愿你慢慢的学得客观、冷静、理智，别像古希腊人那样为争辩而争辩！

阿陶夫·布施和埃奈斯库，两人对巴赫Fugue［《赋格曲》］主题的forte or dolce［强或柔］的看法不同，使我想起太多的书本知识要没有高度的理解力协助，很容易流于教条主义，成为学院派。

另一方面，Ysaye［伊萨伊］要伊虚提拉arpeggio［琶音］的故事，完全显出一个真正客观冷静的大艺术家的"巨眼"，不是巨眼识英雄，而是有看破英雄的短处的"巨眼"。青年人要寻师问道，的确要从多方面着眼。你岳父承认跟Adolf Busch［阿陶夫·布施］还是有益的，尽管他气质上和心底里更喜欢埃奈斯库。你岳父一再后悔不曾及早注意伊萨伊的暗示。因此我劝你空下来静静思索一下，你几年来可曾听到过师友或批评家的一言半语而没有重视的。趁早想，趁早补课为妙！你的祖岳母说："我母亲常言，只有傻瓜才自己碰了钉子方始回头；聪明人看见别人吃亏就学了乖。"此话我完全同意，你该记得一九五三年你初去北京以后我说过（在信上）同样的话，记得我说的是："家里嘱咐你的话多听一些，在外就不必只受别人批评。"大意如此。

你说过的那位匈牙利老太太，指导过 Anni Fischer ［安妮·费希尔］的，千万上门去请教，便是去一二次也好。你有足够的聪明，人家三言两语，你就能悟出许多道理。可是从古到今没有一个人聪明到不需要听任何人的意见。智者千虑，必有一失。也许你去美访问以前就该去拜访那位老人家！亲爱的孩子，听爸爸的话，安排时间去试一试好吗？再附带一句：去之前一定要存心去听"不入耳之言"才会有所得，你得随时去寻访你周围的大大小小的伊萨伊！

话愈说愈远——也许是愈说愈近了。假如念的书不能应用到自己身上来，念书干吗？

你岳父清清楚楚对他自幼所受的教育有很大的反响。他一再声明越少替儿童安排他们的前途越好。这话其实也只说对了一部分，同时也得看这种放任主义如何执行。

要是有时间与精力，这样一本书可以让我写一篇上万字的批评。但老实说，我与伊虚提成了亲家，加上狄阿娜夫人 so sharp and so witty ［如此精明机智］，我也下笔有顾忌，只好和你谈谈。

最后问你一句：你看过此书没有？倘未看，可有空即读，而且随手拿一支红笔，要标出 (underline) 精彩的段落。以后有空还得再念第二遍、第三遍。弥拉年轻，未经世事，我觉得她读了此书并无所得。

我已有几次问你弥拉是否开始怀孕，因为她近来信少，与你半年前的情形相仿。若是怀孕而不舒服，则下面的话只当没说！否则妈妈送了她东西，她一个字都没有，未免太不礼貌。尤其我们没有真好的东西给她（环境限制），可是"礼轻心意重"，总希望受的人接受我们一份情意。倘不是为了身体不好，光是忙，不能成为一声不出的理由。这是体统和规矩问题。我看她过去与后母之间不大融洽，说不定一半也由于她太"少不更事"。——但这事你得非常和缓的向她提出，也别露出是我信中嗔怪她，只作为你自己发觉这样不大好，不够kind［周到］，不合乎做人之道。你得解释，这不过是一例，做人是对整个社会，不仅仅是应付家属。但对近亲不讲礼貌的人也容易得罪一般的亲友。——以上种种，你需要掌握时机，候她心情愉快的当口委婉细致、心平气和、像对知己朋友进忠告一般的谈。假如为了我们使你们小夫妇俩不欢，是我极不愿意的。你总得让她感觉到一切是为她好，帮助她学习，live the life［待人处世］；而绝非为了父母而埋怨她。孩子，这件微妙的任务希望你顺利完成！对你也是一种学习和考验。忠言逆耳，但必须出以一百二十分柔和的态度，对方才能接受。

　　林先生去内蒙访问未返。画已交荣宝斋装裱，待其返沪再请过目，是否需要润色一下，因装裱后色彩略淡。大致月底月初方可寄出，九月中旬或二十左右可到伦敦。——乐谱上月二十九寄出二包，本月四日又寄出二包。

　　仑布伯伯的医疗器械，是否寄款去德国？李先生要的乐谱可曾收集，寄出？敏需要的英文文法一类的书，书店有消息吗？勃隆斯丹夫人处有否寄赠新出唱片？

　　五月二十日伦敦寄出的药品包及食物包，先后于本月一日及五日到沪。居然免税了。大概"上面"向海关打了交道。以后恐唱片仍须付税，食物药品均免税了。

此信到时,你正在灌唱片。不知是否在英国灌?上信提过,既是独奏,似无去维也纳的必要——此次用的琴比上次较胜否?此等处倒是大可坚持的,为了艺术么!同时对唱片公司也有好处么!

　　写了整整四小时,也该歇手了,还需妈妈明晨抄了副本(存底)才好寄你。多休息,多松散,一切保重!

　　　　　　　　　　　　爸爸　六一年七月七日晚

## 八月一日

亲爱的孩子:

　　二十四日接弥拉十六日长信,快慰之至。几个月不见她手迹着实令人挂心,不知怎么,我们真当她亲生女儿一般疼她;从未见过一面,却像久已认识的人那样亲切。读她的信,神情笑貌跃然纸上。口吻那么天真那么朴素,taste［品味］很好,真叫人喜欢。成功的婚姻不仅对当事人是莫大的幸福,而且温暖的光和无穷的诗意一直照射到、渗透入双方的家庭。敏读了弥拉的信也非常欣赏她的人品。孩子,我不能不再一次祝贺你的幸运。二年半以来这是你音乐成就以外最大的收获了:相信你一定会珍惜这美满的婚姻,日后开出鲜艳的花来!

　　今晨(八月一日)又接汇款五十镑,想必是你友人中有一位已经把汇款先交给你了。可是林先生的画都未签名,五月至六月我们选画时疏忽未注意,(你看爸爸一生如此细心,照样出岔子!)等到画交给荣宝斋装裱完成才发觉,而林先生却远行内蒙未归。据代他料理杂务的学生说,要八月底九月初回沪,比原定日期延长了两个月。他家留有图章,已去盖好;但转念一想,没有签名总不够郑重。倘林先生能于九月五日前回来,画可于九月十日前寄出,则十月底可到伦敦。你在十一月初除五日一场演出外，还有空闲料理画事。倘购画的友人不在乎签名，有了图章即行，我们当然可提早寄你，不过总觉不大妥当。你看怎么办？

弥拉报告中有一件事教我们特别高兴：你居然去找过了那位匈牙利太太！（姓名弥拉写得不清楚，望告知！）多少个月来（在杰老师心中已是一年多了），我们盼望你做这一件事，一旦实现，不能不为你的音乐前途庆幸。写到此，又接你明信片；那么原来希望本月四日左右接你长信，又得推迟十天了。但愿你把技巧改进的经过与实际谈得详细些，让我转告李先生，好慢慢帮助国内的音乐青年，想必也是你极愿意做的事。本月十二至二十七日间，九月二十三日以前，你都有空闲的时间，除了出门休息（想你们一定会出门吧）以外，尽量再去拜访那位老太太，向她请教。尤其维也纳派（莫扎特、贝多芬、舒伯特），那种所谓re-pose［和谐恬静］的风味必须彻底体会。好些评论对你这方面的欠缺都一再提及。至于追求细节太过，以致妨碍音乐的朴素与乐曲的总的轮廓，批评家也说过很多次。据我的推想，你很可能犯了这些毛病。往往你会追求一个目的，忘了其他，不知不觉钻入牛角尖（今后望深自警惕）。可是深信你一朝醒悟，信从了高明的指点，你回头是岸，纠正起来是极快的，只是别矫枉过正，往另一极端摇摆过去就好了。

像你这样的年龄与经验，随时随地吸收别人的意见非常重要。经常请教前辈更是必需。你敏感得很，准会很快领会到那位前辈的特色与专长，尽量汲取——不到汲取完了决不轻易调换老师。

听说你去看过恩德的老师，是否也是请教去的？

七月初你在英国外省弹贝多芬的作品一〇九的奏鸣曲，批评不佳，此次去维也纳灌片，演奏此曲谅必改观。你自己觉得总成绩如何？钢琴不会仍是去冬那一架音色不平衡的了吧？

昨日香港 Nestles［雀巢］公司来信，说你岳父托该公司瑞士总公司的友人转嘱港店，代寄食物包给我们，还问我们以后再要什么，每隔多少时期寄一次。盛情高谊，太动人了。本想去信只此一遭，以后勿再见赠；但细想之后，恐令岳父一番热心，不接受也不大好，显得不够亲切，故打算今后只要港方寄一些生油牛油之类价廉的东西，你觉得好么？

再：十一月至明年三月初，你们俩都不在伦敦。假如事先与Harrods约好，每二月寄一食物包给我们，不知有否困难？付款手续有麻烦吗？近来你们花钱多，访美旅行费用又昂，一次预付Harrods四五十镑，对你们经济有没有妨碍？望一一如实见告，再作决定。

敏今夏假期有四十五天：浮肿已退，只是瘦如猴子，关节炎仍纠缠不休，正在服中药。在家由我为之补英文（读王尔德的喜剧，如时间许可，还要读萧伯讷的），每天也拉拉提琴，晚上听唱片。学习仍照原定计划，在外语学院读完三年，明年暑天毕业后回国际关系学院（即前外交学院）当助教，同时跟外籍专家进修。这样的前途也是不容易得到的了，我们都替他高兴。——他要的文法书文学史已于十日前收到，谢谢你和弥拉费心费钱！

给李先生的谱也到了，她要我向你道谢。巴托克等近代乐曲一份都没有，是否因你太忙，无暇搜罗？那就等等再说吧。我们为了亲友一再叫你们俩麻烦，心里沉重得很。不过那些亲友直接间接也都有德于你，回敬一下亦是应当的。人生无非是欠人的情，还人的情。

李赫特有机会听你弹琴吗？对你有什么意见？他夫人想必仍然那么热情。

上面说到维也纳派的repose［和谐恬静］，推想当是一种闲适恬淡而又富于旷达胸怀的境界，有点儿像陶靖节、杜甫（某一部分田园写景)、苏东坡、辛稼轩(也是田园曲与牧歌式的词)。但我还捉摸不到真正维也纳派的所谓repose[和谐恬静],不知你的体会是怎么回事?

近代有名的悲剧演员可分两派:一派是浑身投入,忘其所以,观众好像看到真正的剧中人在面前歌哭;情绪的激动,呼吸的起伏,竟会把人在火热的浪潮中卷走,Sarah Bernhardt[莎拉·伯恩哈特]即是此派代表(巴黎有她的纪念剧院)。一派刻画人物惟妙惟肖,也有大起大落的激情,同时又处处有一个恰如其分的节度,从来不流于"狂易"之境。心理学家说这等演员似乎有双重人格:既是演员,同时又是观众。演员使他与剧中人物合一,观众使他一切演技不会过火(即是能入能出的那句老话)。因为他随时随地站在圈子以外冷眼观察自己,故即使到了猛烈的高潮峰顶仍然能控制自己。以艺术而论,我想第二种演员应当是更高级。观众除了与剧中人发生共鸣,亲身经受强烈的情感以外,还感到理性节制的伟大,人不被自己情欲完全支配的伟大。这伟大也就是一种美。感情的美近于火焰的美、浪涛的美、疾风暴雨之美,或是风和日暖、鸟语花香的美;理性的美却近于钻石的闪光、星星的闪光,近于雕刻精工的美、完满无疵的美,也就是智慧之美!情感与理性平衡所以最美,因为是最上乘的人生哲学、生活艺术。

记得好多年前我已与你谈起这一类话。现在经过千百次实际登台的阅历,大概更能体会到上述的分析可应用于音乐了吧?去冬你岳父来信说,你弹两支莫扎特协奏曲,能把强烈的感情纳入古典的形式之内,他意思即是指感情与理性的平衡。但你还年轻,出台太多,往往体力不济,或技巧不够放松,难免临场紧张,或是情不由己,be carried away[难以自抑]。并且你整个品性的涵养也还没到此地步。不过早晚你会在这方面成功的,尤其技巧有了大改进以后。

国内形势八个月来逐渐改变,最近周总理关于文艺工作十大问题的报告长达八小时,内容非常精彩。惟尚未公布,只是京中极高级的少数人听到,我们更只知道一鳞半爪,不敢轻易传达。总的倾向是由紧张趋向缓和,由急进趋向循序渐进。也许再过一些日子会有更明朗的轮廓出现。

法国的Etiemble［埃蒂昂勃勒］教授（《东游记》的作者）曾见过你与弥拉,在哪一年呢？你从来未与我提过。

访美演出节目望郑重考虑,事先多与有经验的人商量,勿主观太强。再美国记者讲话尖得很,提起问题来往往很"促狭"。望特别留意,别说溜了口。宁可装傻一些,对政治最好绝口不提,有问也坚决不答。我这样提早告诉你,要你印象深一些,多有思想准备。

八月底至九月初旬访问以色列的谈判肯定没有？能抓空即来详谈。十一月后你更无暇执笔了。一切保重！知道你认认真真服维他命丸,很高兴！

爸爸　六一年八月一日

## 八月三十一日夜

亲爱的孩子：

八月二十四日接十八日信,高兴万分。你最近的学习心得引起我许多感想。杰老师的话真是至理名言,我深有同感。会学的人举一反三,稍经点拨,即能跃进。不会学的不用说闻一以知十,连闻一以知一都不容易办到,甚至还要缠夹,误入歧途,临了反抱怨老师指引错了。所谓会学,条件很多,除了悟性高以外,还要足够的人生经验。……现代青年头脑太单纯，说他纯洁固然不错，无奈遇到现实，纯洁没法作为斗争的武器，倒反因天真幼稚而多走不必要的弯路。玩世不恭、cynical［愤世嫉俗］的态度当然为我们所排斥，但不懂得什么叫做cynical［愤世嫉俗］也反映入世太浅，眼睛只会朝一个方向看。周总理最近批评我们的教育，使青年只看见现实世界中没有的理想人物，将来到社会上去一定感到失望与苦闷。胸襟眼界狭小的人，即使老辈告诉他许多旧社会的风俗人情，也几乎会骇而却走。他们既不懂得人是从历史上发展出来的，经过几千年上万年的演变过程才有今日的所谓文明人，所谓社会主义制度下的人，一切也就免不了管中窥豹之弊。这种人倘使学文学艺术，要求体会比较复杂的感情、光暗交错、善恶并列的现实人生，就难之又难了。要他们从理论到实践，从抽象到具体，样样结合起来，也极不容易。但若不能在理论→实践、实践→理论、具体→抽象、抽象→具体中不断来回，任何学问都难以入门。

　　以上是综合的感想。现在谈谈你最近学习所引起的特殊问题。

　　据来信，似乎你说的relax［放松］不是五六年以前谈的纯粹技巧上的relax［放松］，而主要是精神、感情、情绪、思想上的一种安详、闲适、淡泊、超逸的意境，即使牵涉到技术，也是表现上述意境的一种相应的手法、音色与tempo rubato［弹性速度］等等。假如我这样体会你的意思并不错，那我就觉得你过去并非完全不能表达relax［闲适］的境界，只是你没有认识到某些作品、某些作家确有那种relax［闲适］的精神。一年多以来，英国批评家有些说你的贝多芬（当然指后期的奏鸣曲）缺少那种Viennese repose［维也纳式闲适］，恐怕即是指某种特殊的安闲、恬淡、宁静之境，贝多芬在早年、中年剧烈挣扎与苦斗之后，到晚年达到的一个peaceful mind［精神上清明恬静之境］，也就是一种特殊的serenity［安详

（是一种 resignation［隐忍恬淡，心平气和］产生的serenity［安详］）。但精神上的清明恬静之境也因人而异，贝多芬的清明恬静既不同于莫扎特的，也不同于舒伯特的。稍一混淆，在水平较高的批评家、音乐家以及听众耳中就会感到气息不对，风格不合，口吻不真。我是用这种看法来说明你为何在弹斯卡拉蒂和莫扎特时能完全relax［放松］，而遇到贝多芬与舒伯特就成问题。另外两点，你自己已分析得很清楚：一是看到太多的drama［跌宕起伏，戏剧成分］，把主观的情感加诸原作；二是你的个性与气质使你不容易relax［放松］，除非遇到斯卡拉蒂与莫扎特，只有轻灵、松动、活泼、幽默、妩媚、温婉而没法找出一点儿借口可以装进你自己的drama［激越情感］。因为莫扎特的drama［感情气质］不是十九世纪 drama［气质］，不是英雄式的斗争、波涛汹涌的感情激动、如醉若狂的fanaticism［狂热激情］，你身上所有的近代人的drama［激越，激烈］气息绝对应用不到莫扎特作品中去；反之，那种十八世纪式的flirting［风情］和诙谐、俏皮、讥讽等等，你倒也很能体会，所以能把莫扎特表达得恰如其分。还有一个原因，凡作品整体都是relax［安详，淡泊］的，在你不难掌握；其中有激烈的波动又有苍茫惆怅的那种relax［闲逸］的作品，如萧邦，因为与你气味相投，故成绩也较有把握。但若既有激情又有隐忍恬淡，如贝多芬晚年之作，你即不免抓握不准。你目前的发展阶段，已经到了理性的控制力相当强，手指神经很驯服的能听从头脑的指挥，故一朝悟出了关键所在的作品精神，领会到某个作家的relax［闲逸恬静］该是何种境界何种情调时，即不难在短时期内改变面目，而技巧也跟着适应要求，像你所说"有些东西一下子显得容易了"。旧习未除，亦非短期所能根绝，你也分析得很彻底：悟是一回事，养成新习惯来体现你的"悟"是另一回事。

以色列——伊斯坦布尔——雅典的演出能延迟到明年六月，倒是大好事，你在访美以前正可把新收获加以"巩固"。

最后你提到你与我气质相同的问题，确是非常中肯。你我秉性都过敏，容易紧张。而且凡是热情的人多半流于执着，有fanatic［狂热］倾向。你的观察与分析一点不错。我也常说应该学学周伯伯那种潇洒、超脱、随意游戏的艺术风格，冲淡一下太多的主观与肯定，所谓positivism［自信独断］。无奈向往是一事，能否做到是另一事。有时个性竟是顽强到底，什么都扭它不过。幸而你还年轻，不像我业已定型；也许随着阅历与修养，加上你在音乐中的熏陶，早晚能获致一个既有热情又能冷静、能入能出的境界。总之，今年你请教Kabos［卡波斯］太太后，所有的进步是我与杰老师久已期待的；我早料到你并不需要到四十左右才悟到某些淡泊、朴素、闲适之美——像去年四月《泰晤士报》评论你两次萧邦音乐会所说的。附带又想起批评界常说你追求细节太过，我相信事实确是如此，你专追一门的劲也是fanatic［狂热］得厉害，比我还要执着。或许近两个月以来，在这方面你也有所改变了吧？注意局部而忽视整体，雕琢细节而动摇大的轮廓固谈不上艺术；即使不妨碍完整，雕琢也要无斧凿痕，明明是人工，听来却宛如天成，才算得艺术之上乘。这些常识你早已知道，问题在于某一时期目光太集中在某一方面，以致耳不聪、目不明，或如孟子所说"明察秋毫而不见舆薪"。一旦醒悟，回头一看，自己就会大吃一惊，正如一九五五年时你何等欣赏米开兰琪利，最近却弄不明白当年为何如此着迷。

说到此，不能不希望你明春访澳归来以后，从速请教内行挑选一架胶带录音机，不一定要stereo［立体声］的，只要上等质地，控制方便就行。未买之前，已买之后，都得请人教导如何收录自己在家的演奏（此点十分重要！）。此是钢琴家和一切演奏家的镜子，不可或缺！

八月三十一日夜

## 九月十四日

亲爱的孩子：

你工作那么紧张，不知还有时间和弥拉谈天吗？我无论如何忙，要是一天之内不与你妈谈上一刻钟十分钟，就像漏了什么功课似的。时事感想，人生或大或小的事务的感想，文学艺术的观感，读书的心得，翻译方面的问题，你们的来信，你的行踪……上下古今，无所不谈，拉拉扯扯，不一定有系统，可是一边谈一边自己的思想也会整理出一个头绪来，变得明确；而妈妈今日所达到的文化、艺术与人生哲学的水平，不能不说一部分是这种长年的闲谈熏陶出来的。去秋你信中说到培养弥拉，不知事实上如何做？也许你父母数十年的经历和生活方式还有值得你参考的地方。以上所提的日常闲聊便是熏陶人最好的一种方法。或是饭前饭后或是下午喝茶（想你们也有英国人喝tea的习惯吧）的时候，随便交换交换意见，无形中彼此都得到不少好处：启发，批评，不知不觉的提高自己，提高对方。总不能因为忙，各人独自生活在一个小圈子里。少女少妇更忌精神上的孤独。共同的理想、热情，需要长期不断的灌溉栽培，不是光靠兴奋时说几句空话所能支持的。而一本正经的说大道理，远不如日常生活中琐琐碎碎的一言半语来得有效——只要一言半语中处处贯彻你的做人之道和处世的原则。孩子，别因为埋头于业务而忘记了你自己定下的目标，别为了音乐的艺术而抛荒生活的艺术。弥拉年轻，根基未固，你得耐性细致、孜孜不倦的关怀她，在人生琐事方面、读书修养方面、感情方面，处处观察、分析、思索，以诚挚深厚的爱做原动力,以冷静的理智做行动的指针,加以教导、加以诱引,和她一同进步!倘或做这些工作的时候有什么困难,千万告诉我们,可帮你出主意解决。你在音乐艺术中固然只许成功,不许失败;在人生艺术中、婚姻艺术中也只许成功,不许失败!这是你爸爸妈妈最关心的,也是你一生幸福所系。而且你很明白,像你这种性格的人,人生没法与艺术分离,所以要对你的艺术有所贡献,家庭生活与夫妇生活更需要安排得美满。语重心长,但愿你深深体会我们爱你和爱你的艺术的热诚,从而在行动上彻底实践!

  我老想帮助弥拉,但自知手段笨拙,深怕信中处处流露出说教口吻和家长面孔。青年人对中年老年人另有一套看法,尤其西方少妇。你该留意我的信对弥拉起什么作用:要是她觉得我太古板、太迂等等,得赶快告诉我,让我以后对信中的措辞多加修饰。我决不嗔怪她,可是我极需要知道她的反应来调节我教导的方式方法。你务须实事求是,切勿粉饰太平,歪曲真相:日子久了,这个办法只能产生极大的弊害。你与她有什么不协和,我们就来解释、劝说;她与我们之间有什么不协和,你就来解释、劝说,这样才能做到所谓"同舟共济"。我在中文信中谈的问题,你都可挑出一二题目与她讨论;我说到敏的情形也好告诉她:这叫做旁敲侧击,使她更了解我们。我知道她家务杂务、里里外外忙得不可开交,故至今不敢在读书方面督促她。我屡屡希望你经济稳定,早日打定基础,酌量减少演出,使家庭中多些闲暇,一方面也是为了弥拉的进修(要人进修,非给相当时间不可)。我一再提议你去森林或郊外散步,去博物馆欣赏名作,大半为了你,一小半也是为了弥拉。多和大自然与造型艺术接触,无形中能使人恬静旷达(古人所云"荡涤胸中尘俗",大概即是此意),维持精神与心理的健康。在众生万物前面不自居为"万物之灵",方能祛除我们的狂妄,打破纸醉金迷的俗梦,养成淡泊洒脱的胸怀，同时扩大我们的同情心。欣赏前人的遗迹，看到人类伟大的创造，才能不使自己被眼前的局势弄得悲观，从而鞭策自己，竭尽所能的在尘世留下些少成绩。以上不过是与大自然及造型艺术接触的好处的一部分，其余你们自能体会。

你对狄阿娜夫人与岳父的意见，大概决不会与外人谈到吧？上流社会，艺术界，到处都有搬嘴舌的人，必须提防。别因为对方在这些问题上与你看法相同，便流露出你的心腹（一个人上当最多就是在这种场合）。特别对你岳父的意见，你务必"讳莫如深"，只跟我们谈；便是弥拉前面也不宜透露，她还没有到年纪，不能冷静分析从小崇拜的父亲。再说，一个名流必有或多或少忌妒的人：社会上对你岳父的议论都得用自己的头脑来分析过，与事实核对过；否则不能轻易信服。

最后，得告诉你评论周文中的材料迄未收到。访美节目确定后，务必告知；你没空，可嘱弥拉代笔。

前信（E29）已说过，最近两包节目单，一包包扎极好，另一包太马虎，送到时纸袋撕破多处，若无细绳四周捆住，早已半路上零落散尽，到不了上海了。只消看看我们寄你各物的包装，就可学会如何防止邮递时的意外。寄唱片尤须注意，一切已详前函。

四包乐谱收到没有？还要吗？若要，可先将名单开来，我们当在明年一月下旬寄出。

国内今年灾情仍严重，据中央报告，明年生活可能还要艰苦。

暂时带住，希望本月内还能收到你的信。一切珍重！

爸爸　九月十四日晨

## 十月五日深夜

亲爱的孩子:

等了好久,昨晚才收到弥拉的信。没料到航空寄的画竟和信一样快。我挑选的作品你们俩都喜爱,可见我与你们的眼光与口味完全一致,也叫我非常高兴。弥拉没提到周文中的评论材料,也没说起四包乐谱是否收到,令人悬悬。下次来信务必交代清楚!

说起周文中①,据陈伯伯(又新)②,原是上海音乐馆(上海音专[陈又新和丁善德合办的学校]的前身)学生,跟陈伯伯学过多年小提琴,大约与张国灵同时。胜利后出国。陈伯伯解放初年留英期间,周还与他通信。据说小提琴拉得不差呢。

八九两月你统共只有三次演出,但似乎你一次也没去郊外或博物馆。我知道你因技术与表达都有大改变,需要持续加工和巩固;访美的节目也得加紧准备;可是两个月内毫不松散也不是办法。两年来我不知说了多少次,劝你到森林和博物馆走走,你始终不能接受。孩子,我多担心你身心的健康和平衡;一切都得未雨绸缪,切勿到后来悔之无及。单说技巧吧,有时硬是别扭,倘若丢开一个下午,往大自然中跑跑,或许下一天就能顺利解决。人的心理活动总需要一个酝酿的时期,不成熟时硬要克服难关,只能弄得心烦意躁,浪费精力。音乐理解亦然如此。我始终觉得你犯一个毛病,太偏重以音乐本身去领会音乐。你的思想与信念并不如此狭窄,很会海阔天空的用想象力;但与音乐以外的别的艺术,尤其大自然,实际上接触太少。整天看谱、练琴、听唱片……久而久之会

---

① 著名美籍华人作曲家。一九四六年留学美国,一九五八年入美国籍。二十世纪七十年代任哥伦比亚大学音乐系主任。
② 陈又新系傅雷中学同学,原上海音乐学院管弦系主任,小提琴教授,亦是傅敏的提琴老师,"文革"浩劫中迫害冤死。

减少艺术的新鲜气息,趋于抽象、闭塞,缺少生命的活跃与搏击飞纵的气势。我常常为你预感到这样一个危机,不能不舌敝唇焦,及早提醒,要你及早防止。你的专业与我的大不同。我是不需要多大创新的,我也不是有创新才具的人:长年关在家里不致在业务上有什么坏影响。你的艺术需要时时刻刻的创造,便是领会原作的精神也得从多方面(音乐以外的感受)去探讨:正因为过去的大师就是从大自然,从人生各方面的材料中"泡"出来的,把一切现实升华为 emotion [感情] 与 sentiment [情操],所以表达他们的作品也得走同样的路。这些理论你未始不知道,但似乎并未深信到身体力行的程度。另外我很奇怪:你年纪还轻,应该比我爱活动;你也强烈的爱好自然,怎么实际生活中反而不想去亲近自然呢?我记得很清楚,我二十二三岁在巴黎、瑞士、意大利以及法国乡间,常常在月光星光之下,独自在林中水边踏着绿茵,呼吸浓烈的草香与泥土味、溪水味,或是借此舒散苦闷,或是沉思默想。便是三十多岁在上海,一逛公园就觉得心平气和,精神健康多了。太多与刺激感官的东西(音乐便是刺激感官最强烈的)接触,会不知不觉失去身心平衡。你既憧憬希腊精神,为何不学学古希腊人的榜样呢?你既热爱陶潜、李白,为什么不试试去体会"采菊东篱下,悠然见南山"的境界(实地体会)呢?你既从小熟读克利斯朵夫,总不致忘了克利斯朵夫与大自然的关系吧?还有造型艺术,别以家中挂的一些为满足,干吗不上大英博物馆去流连一下呢?大概你会回答我说没有时间,做了这样就得放弃那样。可是暑假中比较空闲,难道去一两次郊外与美术馆也抽不出时间吗?只要你有兴致,便是不在假中,也可能特意上美术馆,在心爱的一两幅画前面呆上一刻钟半小时。不必多,每次只消集中一两幅,来回统共也花不了一个半小时,无形中积累起来的收获可是不小呢!你说我信中的话,你"没有一句是过耳不入"的,好吧,那么在这方面希望你思想上慢慢酝酿,考虑我的建议,有机会随时试一试,怎么样?行不行呢?我一生为你的苦心,你近年来都体会到了。可是我未老先衰,常有为日无多之感,总想尽我仅有的一些力量,在我眼光所能见到的范围以内帮助你,指导你,特别是早早指出你身心与艺术方面可能发生的危机,使你能预先避免。"语重心长"这四个字形容我对你的态度是再贴切没有了。只要你真正爱你的爸爸,爱你自己,爱你的艺术,一定会郑重考虑我的劝告,接受我数十年如一日的这股赤诚的心意!

你也很明白,钢琴上要求放松先要精神上放松,过度的室内生活与书斋生活恰恰是造成现代知识分子神经紧张与病态的主要原因;而萧然意远、旷达恬静、不滞于物、不凝于心的境界只有从自然界中获得,你总不能否认吧?

还有很重要的一点:弥拉比你小五岁,应该是喜欢活动的年纪。你要是闭户家居,岂不连带她感到岑寂枯索?而看她的气质,倒也很爱艺术与大自然,那就更应该同去欣赏,对彼此都有好处。只有不断与森林、小溪、花木、鸟兽、虫鱼和美术馆中的杰作亲炙的人,才会永远保持童心、纯洁与美好的理想。培养一个人,空有志愿有什么用?主要从行动着手!无论多么优秀的种籽,没有适当的环境、水土、养分,也难以开花结果,说不定还会中途变质或夭折。弥拉的妈妈诺拉本性何尝不好、不纯洁,就是与伊虚提之间缺少一个共同的信仰与热爱,缺少共同的 devotion [努力目标],才会如此下场。即使有了共同的理想与努力的目标,仍然需要年纪较长的伙伴给她熨帖的指点,带上健全的路,帮助她发展,给她可能发展的环境和条件。你切不可只顾着你的艺术,也得分神顾到你一生的伴侣。二十世纪登台演出的人更非上一世纪的演奏家可比,他要紧张得多,工作繁重得多,生活忙乱得多,更有赖于一个贤内助。所以分些精神顾到弥拉（修养、休息、文娱活动……），实际上仍是为了你的艺术；虽然是间接的，影响与后果之大却非你意想所及。你首先不能不以你爸爸的缺点——脾气暴躁为深戒，其次不能期待弥拉也像你妈妈一样和顺。在西方女子中，我与你妈妈都深切感到弥拉已是很好的好脾气了，你该知足，该约制自己。天下父母的心总希望子女活得比自己更幸福；只要我一旦离开世界的时候，对你们俩的结合能有确切不移的信心，也是我一生极大的酬报了！

十一月至明春二月是你去英后最忙的时期，也是出入重大的关头；旅途辛苦，演出劳累，难免神经脆弱，希望以最大的忍耐控制一切，处处为了此行的使命与祖国荣辱攸关着想。但愿你明年三月能够以演出与性情脾气双重的成功报告我们，那我们真要快乐到心花怒放了！——放松、放松！精神上彻底的轻松愉快，无挂无碍，将是你此次双重胜利的秘诀！

另一问题始终说服不了你，但为你的长久利益与未来的幸福不得不再和你唠叨。你历来厌恶物质，避而不谈；殊不知避而不谈并不解决问题，要不受物质之累，只有克服物质、控制物质，把收支情况让我们知道一个大概，帮你出主意妥善安排。惟有妥善安排才能不受物质奴役。凡不长于理财的人少有不吃银钱之苦的。我和你妈妈在这方面自问还有相当经验可给你作参考。你怕烦，不妨要弥拉在信中告诉我们。她年少不更事，只要你从旁怂恿一下，她未始不愿向我们学学理财的方法。你们早晚要有儿女，如不及早准备，临时又得你增加演出来弥补，对你的艺术却无裨益。其次要弥拉进修、多用些书本功夫，也该给她时间；目前只有一个每周来两次的 maid［女佣人］，可见弥拉平日处理家务还很忙。最好先逐步争取，经济上能雇一个每日来帮半天的女佣。每年暑假至少要出门完全休息两星期。这种种都得在家庭收支上调度得法，订好计划，方能于半年或一年之后实现。当然主要在于实际执行而不仅仅是一纸空文的预算和计划。唱片购买也以随时克制为宜，勿见新即买。我一向主张多读谱，少听唱片，对一个像你这样的艺术家帮助更大。读谱好比弹琴用urtext，①听唱片近乎用某人某人edit［编］的谱。何况我知道你十年二十年后不一定永远当演奏家；假定还可能向别方面发展，长时期读谱也是极好的准备。我一心一意为你打算，不论为目前或将来，尤其为将来。你忙，没空闲来静静的分析，考虑；倘我能代你筹划筹划，使我身后你还能得到我一些好处——及时播种的好处，那我真是太高兴了。

你的唱片公司，经去信后一个月无回音。（照唱片套子上地址及公司牌号写的，不会不对么？）今天我再去信要求用航空寄来。好在片子只两张，分量轻，所费不多。封套后面关于演奏家的说明文字，前信我已与你提过，以后千万在事先注意！

来信问林先生要不要食物，问过了，他极欢迎，但只能寄给我们，仍用我的名字。否则税太大，林先生负担不起。且为了他的包勿与我们的挤在一时到沪（海关可能觉得我收的东西太多，会有麻烦），我将食物单直接寄"哈罗兹"公司出口经理（曾与我通过三次信），请他见单即寄，并通知你们付款。惟有直接向出口经理打交道，才有希望将东西即寄；否则拖延几星期，与我们自己的包势必挤在同时到达，造成许多不便。（付了林先生的食物，连同寄费报一个总数来。以后在画款项下扣除。）

本月你音乐会那么多，还能在访美前给我们来信么？访美访澳期间，希望弥拉多多动笔，万万勿令我们望穿秋水！

新加坡陈伯伯（人浩，他从前住过我们三楼，在吕班路万宜坊，

---

① 德文字，相当于英文的 original text，原谱版本，通常指一九〇〇年以前未经他人编辑、整理或注释的原始曲谱。

在你出生以前)来信说,那边的音乐协会已将你的音乐会排入明年二月日程。但你在澳要二月二十七日完事,恐日期有误。

到新时务必向刘抗、陈人浩二伯父代我们道谢。他们都不断寄赠食物药品。最好能抽空到刘家去一次,欣赏欣赏刘伯伯的画。他有车,往返不致太费时。

马家又有齐白石画片等寄你,收到后你没空,也得要弥拉去信道谢。旧规矩不能没有。告诉弥拉,称呼不能用Mr.与Mrs.,要用Uncle与Aunte！千万注意！萧桐带的饰物,闻已交你岳父,是否收到了?

LTC-28信中曾劝你去美前,先与弥拉从长计议,访美访澳的收入应如何安排。望能切实照办,定好计划必须切实执行。在用钱方面你还不够理智,还得常常想起我的榜样才好。家庭开支倘非每月月底细核,常会出轨！我们在家至今用此法调节,方不致闹亏空。

前几封长信所谈的问题,希望能得到你一些反应。好些事除了对你,我几乎不和别人谈了。倘不影响你的工作与休息,我真祝望多多读到你的长信！

　　　　　　　　　　爸爸　一九六一年十月五日深夜

# 一九六二年

## 三月二十五日／四月一日

聪，亲爱的孩子：

每次接读来信，总是说不出的兴奋、激动、喜悦、感慨、惆怅！最近报告美澳演出的两信，我看了在屋内屋外尽兜圈子，多少的感触使我定不下心来。人吃人的残酷和丑恶的把戏多可怕！你辛苦了四五个月落得两手空空，我们想到就心痛。固然你不以求利为目的，做父母的也从不希望你发什么洋财——而且还一向鄙视这种思想；可是那些中间人凭什么来霸占艺术家的劳动所得呢！眼看孩子被人剥削到这个地步，像你小时候被强暴欺凌一样，使我们对你又疼又怜惜，对那些吸血鬼又气又恼，恨得牙痒痒的！相信早晚你能从魔掌之下挣脱出来，不再做鱼肉。巴尔扎克说得好：社会踩不死你，就跪在你面前。在西方世界，不经过天翻地覆的革命，这种丑剧还得演下去呢。当然四个月的巡回演出在艺术上你得益不少，你对许多作品又有了新的体会，深入了一步。可见惟有艺术和学问从来不辜负人：花多少劳力，用多少苦功，拿出多少忠诚和热情，就得到多少收获与进步。写到这儿，想起你对新出的莫扎特唱片的自我批评，真是高兴。一个人停滞不前才会永远对自己的成绩满意。变就是进步——当然也有好的变质，成为坏的——眼光一天天不同，才窥见学问艺术的新天地，能不断的创造。妈妈看了那一段叹道：

"聪真像你，老是不满意自己，老是在批评自己！"

美国的评论绝大多数平庸浅薄，赞美也是皮毛。英国毕竟还有音乐学者兼写报刊评论，如伦敦 *Times* [《泰晤士报》]和曼彻斯特的《导报》，两位批评家水平都很高；纽约两家大报的批评家就不像样了，那位《纽约时报》的更可笑。很高兴看到你的中文并不退步，除了个别的词汇（我们说"心乱如麻"，不说"心痛如麻"。形容后者只能说"心痛如割"或"心如刀割"。又鄙塞、鄙陋不能说成"陋塞"；也许是你笔误）。读你的信，声音笑貌历历在目；议论口吻所流露的坦率、真诚、朴素、热情、爱憎分明，正和你在琴上表现出来的一致。孩子，你说过我们的信对你有如一面镜子，其实你的信对我们也是一面镜子。有些地方你我二人太相像了，有些话就像是我自己说的。平时盼望你的信即因为"薰莸同臭"，也因为对人生、艺术，周围可谈之人太少。不过我们很原谅你，你忙成这样，怎么忍心再要你多写呢？此次来信已觉出于望外，原以为你一回英国，演出那么多，不会再动笔了。可是这几年来，我们俩最大的安慰和快乐，的确莫过于定期接读来信。还得告诉你，你写的中等大的字（如此次评论封套上写的）非常好看；近来我的钢笔字已难看得不像话了。你难得写中国字，真难为你了！

三月二十五日

以上二十五日写，搁了一星期没写下去，在我也是破天荒。近来身体疲劳，除了每天工作以外，简直没精神再做旁的事，走一小段路也累得很。眼睛经常流泪，眼科医生检查，认为并非眼睛本身有毛病，而是一般性疲劳。三月初休息过半个月，并未好转。从六一年起饮食已大改进，现在的精力不济，大概是本身衰老；或者五九、六〇两年的营养不足，始终弥补不来。总而言之，疲劳是实，原因弄不清。

来信说到中国人弄西洋音乐比日本人更有前途，因为他们虽用苦功而不能化。化固不易，用苦功而得其法也不多见。以整个民族性来说，日华两族确有这点儿分别。可是我们能化的人也是凤毛麟角，原因是接触外界太少，吸收太少。近几年营养差，也影响脑力活动。我自己深深感到比从前笨得多。在翻译工作上也苦于化得太少，化得不够，化得不妙。艺术创造与再创造的要求，不论哪一门都性质相仿。音乐因为抽象，恐怕更难。理会的东西表达不出，或是不能恰到好处，跟自己理想的境界不能完全符合，不多不少。心、脑、手的神经联系，或许在音乐表演比别的艺术更微妙，不容易掌握到成为 automatic〔得心应手，收放自如〕的程度。一般青年对任何学科很少能做独立思考，不仅缺乏自信，便是给了他们方向，也不会自己摸索。原因极多，不能怪他们。十余年来的教育方法大概有些缺陷。青年人不会触类旁通，研究哪一门学问都难有成就。思想统一固然有统一的好处，但到了后来，念头只会往一个方向转，只会走直线，眼睛只看到一条路，也会陷于单调、贫乏、停滞。往一个方向钻并非坏事，可惜没钻得深。

月初看了盖叫天口述、由别人笔录的《粉墨春秋》，倒是解放以来谈艺术最好的书。人生—教育—伦理—艺术，再没有结合得更完满的了。从头至尾都有实例，决不是枯燥的理论。关于学习，他提出"慢就是快"，说明根基不打好，一切都筑在沙上，永久爬不上去。我觉得这一点特别值得我们深思。倘若一开始就猛冲，只求速成，临了非但一无结果，还造成不踏实的坏风气。德国人要不在整个十九世纪的前半期埋头苦干，在每一项学问中用死功夫，哪会在十九世纪末一直到今天，能在科学、考据、文学各方面放异彩？盖叫天对艺术更有深刻的体会。他说学戏必须经过一番"默"的功夫。学会了唱、念、做，不算数；还得坐下来叫自己"魂灵出窍"，就是自己分身出去，把一出戏默默的做一遍、唱一遍；同时自己细细观察，有什么缺点该怎样改，然后站起身来再做、再唱、再念。那时定会发觉刚才思想上修整很好的东西又跑了，做起来同想的完全走了样。那就得再练，再下苦功，再"默"，再做。如此反复做去，一出戏才算真正学会了，拿稳了。你看，这段话说得多透彻，把自我批评贯彻得多好！老艺人的自我批评决不放在嘴边，而是在业务中不断实践。其次，经过一再"默"练，作品必然深深的打进我们心里，与我们的思想感情完全化为一片。此外，盖叫天现身说法，谈了不少艺术家的品德、操守、做人，必须与艺术一致的话。我觉得这部书值得写一长篇书评：不仅学艺术的青年、中年、老年人，不论学的哪一门，应当列为必读书，便是从上到下一切的文艺领导干部也该细读几遍；做教育工作的人读了也有好处。不久我就把这书寄给你，你一定喜欢，看了也一定无限兴奋。

　　再有两件事：——去年春天你在德国演出的评论，望即选几篇（弥拉能读德文，不妨挑几篇内容充实的）托人译为英文（或法文），速即寄来。我替你编的"评论摘要"，自六〇年七月起至六一年年底为止的部分，迄今无从着手，就因为缺了六一年四月的德国剪报。你们忙，自己无法整理，至少可以把材料寄回。而且此事已延搁一年，也该了结了。澳洲部分的评论也望汇集寄沪。美洲部分的已全部由妈妈打字打下，原本全部挂号（非航空）寄回伦敦。因来信未说明哪几份未有复本，故只能全部退给你。以后遇此等情形，可在原件上角注一 single ［单份］字样。随信附寄一九六一年六月以后的"演出日程表"，望修正后寄回来。今年三月回伦敦后的演出日程，上次弥拉答应再寄一份完全的，我等着呢！

　　又 Music & Musicians ［《音乐与音乐家》］已否续定本年的？二月份的迄未收到。唱片亦未到。一年多没见到你们的照片了，很想要几张!下次再写,一切保重!

爸爸　六二年四月一日

## 九月二日

聪,亲爱的孩子:

上月初旬接哥伦比亚来信后杳无消息,你四处演出,席不暇暖固不必说;便是弥拉从离英前夕来一短简后迄今亦无只字。天各一方,儿媳异地,诚不胜飘篷之慨。南美气候是否酷热?日程紧张,当地一切不上轨道,不知途中得无劳累过度?我等在家无日不思,苦思之余惟有取出所灌唱片,反复开听,聊以自慰。上次收到贝多芬奏鸣曲,第一乐章结尾forte chord[强和弦]截然中断,最后尚有一个chord[和弦]两拍子,竟被剪去,此种情形闻所未闻,此种唱片如何销售,真是大惑不解,来信从未提及,报刊评论亦未指出,更觉莫名其妙。曾去信公司询问,亦置不复。莫扎特协奏曲唱片,于七月十三日、八月十九日两次航挂信去公司催寄,仍无消息,且两次去信皆分寄出口经理及艺术经理,不料只字未复,怪甚怪甚!Op.110[作品第一一〇号]最后乐章两次 arioso dolente[哀伤的咏叹调]表情深浅不同,大有分寸,从最轻到最响十个chord[和弦],以前从未有此印象,可证 interpretation[演绎]对原作关系之大。Op.109[作品第一〇九号]的许多变奏曲,过去亦不觉面目变化有如此之多。有一份评论说:"At first hearing there seemed light-weight interpretations."["初听之下,演绎似乎light-weight。"]① light-weight指的是什么?你对Schnabel[施纳贝尔]

---

① light-weight一字此处不能译。因傅雷在信中不能确定light-weight所指何意,故不便按译者了解译出。——金圣华注

灌的贝多芬现在有何意见？Kempff［肯普夫］近来新灌之贝多芬奏鸣曲，你又觉得如何？我都极想知道，望来信详告！七月份《音乐与音乐家》杂志三十五页有书评，介绍 Eva & Paul Badura-Skoda［埃娃及保罗·巴杜拉-斯科达］合著 Interpreting Mozart on the Keyboard［《在琴键上演绎莫扎特》］，你知道这本书吗？似乎值得一读，尤其你特别关心莫扎特。

听过你的唱片，更觉得贝多芬是部读不完的大书，他心灵的深度、广度的确代表了日耳曼民族在智力、感情、感觉方面的特点，也显出人格与意志的顽强，飘渺不可名状的幽思，上天下地的幻想，对人生的追求，不知其中有多少深奥的谜。贝多芬实在不仅仅是一个音乐家，无怪罗曼·罗兰要把歌德与贝多芬作为不仅是日耳曼民族并且是全人类的两个近代的高峰。

等你将来经济比较宽裕的时候，想再要一些贝多芬的三重奏、四重奏。舒伯特那支《弦乐五重奏》老是不能忘怀。慢慢寄单子给你，目前你捉襟见肘，决不能再加重你负担。

（……）

我们听你唱片如见真人，此中意义与乐处，非你所能想象。望体念父母思子之心，把唱片源源寄来，以慰悬念于万一！妈妈好想念你！

中国古画赝者居绝大多数，有时连老辈鉴赏家也不易辨别，不妨去大英博物馆，看看中国作品，特别是明代的，可与你所得唐寅，对照一下。你在南美买的唐六如册页，真伪恐有问题，是纸本抑绢本，水墨抑设色，望一一告知，最好拍照片（适当放大）寄来。以后遇有此种大名家的作品，最要小心提防，价高者尤不能随便肯定，若价不过昂，则发现问题后，尚可转让与人，不致太吃亏，我平时不收大名家，宁取"冷名头"，因冷名头不值钱，作假者少，但此等作品亦极难遇，最近看到黄宾虹的画亦有假的。

一转眼快中秋了，才从炎暑中透过气来，又要担心寒冬难耐了，去冬因炉子泄气，室内臭秽，只生了三十余日火，连华氏四十余度的天气也打熬过去了，手捧热水袋，脚拥汤婆子，照常工作，人生就在寒来暑往中老去！一个夏天挥汗做日课，精神勉强支持，惟脑子转动不来，处处对译文不满，苦闷不已。

敏尚在家等统一分配，今年分配较往岁退迟，他只想回原校（外交学院）任教，究竟如何，不得而知，大家都为之牵挂个不了。他不给你写信，我知道原因，不外乎千言万语无从说起。

前昨二夜听了李斯特的《第二钢琴协奏曲》（匈牙利钢琴家弹），《但丁奏鸣曲》、《意大利巡礼集》第一首，以及 Annie Fischer［安妮·费希尔］弹的 $b\ min.\ Sonata$ ［《b小调奏鸣曲》］都不感兴趣。只觉得炫耀新奇，并无真情实感；浮而不实，没有深度，没有逻辑，不知是不是我的偏见？不过这一类风格，对现代的中国青年钢琴家也许倒正合适，我们创作的乐曲多多少少也有这种故意做作七拼八凑的味道。以作曲家而论，李斯特远不及舒曼和勃拉姆斯，你以为如何？

上月十三日有信 (No. 41) 寄瑞士，由弥拉回伦敦时面交，收到没有？在那封信中，我谈到对唱片的看法，主要不能因为音乐是流动的艺术，或者因为个人的气质多变，而忽视唱片的重要。在话筒面前的紧张并不难于克服。灌协奏曲时，指挥务必先经郑重考虑，早早与唱片公司谈妥。为了艺术，为了向群众负责，也为了唱片公司的利益，独奏者对合作的乐队与指挥，应当有特别的主张，有坚持的权利，望以后在此等地方勿太"好说话"！

想到你们俩的忙碌，不忍心要求多动笔，但除了在外演出，平时你们该反过来想一想：假定我们也住在伦敦，难道每两星期不得上你们家吃一顿饭，你们也得花费一两小时陪我们谈谈话吗？今既相隔万里，则每个月花两小时写封比较详细的信，不也应该而且比同在一地已经省掉你们很多时间吗？要是你们能常常做此想，就会多给我们一些消息了。

秋后演出日程，望早早列表寄来，没有这张表，我精神上即无法追寻你的行止，这对我是个极大的安慰，几乎已成为必要的依傍，故每逢季节转变之时，你都得及早将下届日程通知。

在巴西可曾遇到叶伯伯（常青）？ 八月份人民币一百元（总是九十九元又零）已到，勿念。

唱片公司关于你的介绍，曾嘱你事先过目，贝多芬唱片背后的notes［介绍］，仍说你生于北京，可见你的疏忽。

不多写了，此信预备再搁一天寄出，恐十日左右你未必就已回英。一切保重！

长期旅行演出后，务必好好休息，只会工作不会休息，也不是生活的艺术，而且对你本门的艺术，亦无好处！

爸爸　六二年九月二日

## 十月二十日

亲爱的孩子：

十四日信发出后第二天即接瑞典来信，看了又高兴又激动，本想即复，因日常工作不便打断，延到今天方始提笔。这一回你答复了许多问题，尤其对舒曼的表达解除了我们的疑团。我既没亲耳听你演奏，即使听了也够不上判别是非好坏，只有从评论上略窥一二；评论正确与否完全不知道，便是怀疑人家说的不可靠，也没有别的方法得到真实报道。可见我不是把评论太当真，而是无法可想。现在听你自己分析，当然一切都弄明白了。以后还是跟我们多谈谈这一类的问题，让我们经常对你的艺术有所了解。

文章千古事，得失寸心知，哪一门艺术不如此！真懂是非、识得美丑的，普天之下能有几个？你对艺术上的客观真理很执著，对自己的成绩也能冷静检查，批评精神很强，我早已放心你不会误入歧途；可是单知道这些原则并不能了解你对个别作品的表达，我要多多探听这方面的情形：一方面是关切你，一方面也是关切整个音乐艺术，渴欲知道外面的趋向与潮流。

你常常梦见回来，我和你妈妈也常常有这种梦。除了骨肉的感情，跟乡土的千丝万缕割不断的关系，纯粹出于人类的本能之外，还有一点是真正的知识分子所独有的，就是对祖国文化的热爱。不单是风俗习惯、文学艺术，使我们离不开祖国，便是对大大小小的事情的看法和反应，也随时使身处异乡的人有孤独寂寞之感。但愿早晚能看到你在我们身边！你心情的复杂矛盾，我敢说都体会到，可是一时也无法帮你解决。原则和具体的矛盾，理想和实际的矛盾，生活环境和艺术前途的矛盾，东方人和西方人根本气质的矛盾，还有我们自己内心的许许多多矛盾……如何统一起来呢？何况旧矛盾解决了，又有新矛盾，循环不已，短短一生就在这过程中消磨！幸而你我都有工作寄托，工作上的无数的小矛盾，往往把人生中的大矛盾暂时遮盖了，使我们还有喘息的机会。至于"认真"受人尊重或被人讪笑的问题，事实上并不像你说的那么简单，一切要靠资历与工作成绩的积累。即使在你认为更合理的社会中，认真而受到重视的实例也很少；反之在乌烟瘴气的场合，正义与真理得胜的事情也未始没有。你该记得一九五六至一九五七年间毛主席说过党员若欲坚持真理，必须准备经受折磨等等的话，可见他把事情看得多透彻多深刻。再回想一下罗曼·罗兰写的《名人传》和《约翰·克利斯朵夫》，执著真理一方面要看客观的环境，一方面更在于主观的斗争精神。客观环境较好，个人为斗争付出的代价就比较小，并非完全不要付代价。以我而论，侥幸的是青壮年时代还在五四运动的精神没有消亡，而另一股更进步的力量正在兴起的时期，并且我国解放前的文艺界和出版界还没有被资本主义腐蚀到不可救药的地步。反过来，一百三十年前的法国文坛、报界、出版界，早已腐败得出乎我们意想之外；但法国学术至今尚未完全死亡，至今还有一些认真严肃的学者在钻研：这岂不证明便是在恶劣的形势之下，有骨头，有勇气，能坚持的人，仍旧能撑持下来吗？

以前要你核对的"演出日程"，有空即批注寄回！你能否寄一张贝多芬唱片给马先生（地址另附条）？托你平时买惯唱片的零售店，比韦斯敏斯特可靠！

在瑞典重弹勃拉姆斯《第一钢琴协奏曲》，成绩怎么样？

国内年成今年比去年好，粮食略有好转（但北方学校还是细粮少），副食品如鱼肉蔬菜也比以前供应多了一些。

冬天能去巴伐利亚最好，在那种环境中即使不完全休息，也于身心有益。

不多写了。一切珍重！

爸爸　六二年十月二十日

# 一九六三年

## 四月二十六日

亲爱的孩子:

　　刚从扬州回来,见到弥拉的信。她的病似乎是肋炎症,要非常小心治疗,特别是彻底休息;万一肋膜内有了水就很麻烦;痊愈后也要大伤元气。我们为之都很担心。你在外跑了近两月,疲劳过度,也该安排一下,到乡间去住个三五天。几年来为这件事我不知和你说过多少回,你总不肯接受我们的意见。人生是多方面的,艺术也得从多方面培养,劳逸调剂得恰当,对艺术只有好处。三天不弹琴,决不损害你的技术;你应该有这点儿自信。况且所谓 relax ［放松］也不能仅仅在 technique ［技巧］上求,也不能单独的抽象的追求心情的 relax ［放松,宽舒］。长年不离琴决不可能有真正的 relax ［松弛］;惟有经常与大自然亲近,放下一切,才能有 relax ［舒畅］的心情,有了这心情,艺术上的 relax ［舒畅自如］可不求而自得。我也犯了过于紧张的毛病,可是近两年来总还春秋两季抽空出门几天。回来后精神的确感到新鲜,工作效率反而可以提高。Kabos ［卡波斯］太太批评你不能竭尽可能的 relax ［放松］,我认为基本原因就在于生活太紧张。平时老是提足精神,能张不能弛!你又很固执,多少爱你的人连弥拉和我们在内,都没法说服你每年抽空出去一下,至少自己放三五天假。这是我们常常想起了要喟然长叹的,觉得你始终不体谅我们爱护你的热忱,尤其我们,你岳父、弥拉都是深切领会艺术的人,劝你休息的话决不会妨碍你的艺术!

你太片面强调艺术,对艺术也是危险的:你要不听从我们的忠告,三五年七八年之后定会后悔。孩子,你就是不够wise[明智],还有,弥拉身体并不十分强壮,你也得为她着想,不能把人生百分之百的献给艺术。勃隆斯丹太太也没有为了艺术疏忽了家庭。你能一年往外散心一两次,哪怕每次三天,对弥拉也有好处,对艺术也没有害处,为什么你不肯试验一下看看结果呢?

扬州是五代六朝隋唐以来的古城,可惜屡经战祸,甲于天下的园林大半荡然,可是最近也修复了一部分。瘦西湖风景大有江南境界。我们玩了五天,半休息半游玩,住的是招待所,一切供应都很好。慢慢寄照片给你。

五十镑已收到。凡是优待侨汇的购物享受(如肉、鱼、糖、烟、布、肥皂等的票子),也按比例分一部分给林先生。这一回又叫你花了近八十镑(去掉林画款,加上港汇),心里总是不安。巴黎Van del Velda[凡·德尔·韦尔达]小姐的一百新法郎亦已收到,来了信。巴尔扎克学会会费一百新法郎,尚无收据寄沪。便中望向银行查问是否切实汇到法国了。

四月一日、八日,分别寄你唐云山水及林先生仕女各一帧,收到否?唐画较易得,寄你亦无困难,倘有人情要还敬,不妨作送礼用。林画海关估价甚高,大有麻烦,以后除非有外汇(而且像去年那种大幅的,要外汇五十镑才能寄一张),即不能往外寄了。此次小幅仕女也估到人民币百元,海关只准寄五十元以下的,故托林先生写了证明,说明是赠送给我的,方始寄出。而这种办法也可一不可再。因此那幅仕女望自己留存。

从三月底以后你的演出节目始终未寄来,很盼望!在美遇到王济远伯伯事，你未提只字，他却有信给九龙萧伯母，由她转告我们了。

很高兴知道你的技巧大有进步，Chopin［萧邦］的 *Etudes*［《练习曲》］弹得出色。Kabos［卡波斯］太太那儿有时还去吗？

我译的《都尔的本堂神甫》是否收到？来信提一笔。

敏工作情绪很高，只是辛苦得不得了。一周难得有一两晚上可自由看些书，做些进修的工作。小蓉失眠及头痛仍无多大改善，她为之心里烦得厉害。

速速来信告诉我们弥拉的健康情况，并望千万注意，勿使她没有养好病就忙起来！

下回再谈，多多休息，多多保重！

爸爸　六三年四月二十六日

## 九月一日

亲爱的孩子：

很高兴知道你终于彻底休息了一下。瑞士确是避暑最好的地方。三十四年前我在日内瓦的西端，一个小小的法国村子里住过三个月，天天看到白峰（Mont Blanc）上的皑皑积雪，使人在盛暑也感到一股凉意。可惜没有去过瑞士北部的几口湖，听说比日内瓦湖更美更幽。你从南非来的信上本说要去希腊，那儿天气太热，不该在夏季去。你们改变游程倒是聪明的。威尼斯去了没有？其实意大利北部几口湖也风景秀丽，值得小住几天。相信这次旅行定能使你感觉新鲜，精神上洗个痛快的澡。弥拉想来特别快乐。她到底身体怎样？在 Zurich［苏黎士］疗养院检查结果又怎么样？除了此次的明信片以外，她从五月十日起没有来过信，不知中间有没有遗失？我写到

Gstaad的信，你们收到没有？下次写信来，最好提一笔我信上的编号，别笼笼统统只说"来信都收到"。最好也提一笔你们上一封信的日期，否则丢了信也不知道。七月下旬勃隆斯丹夫人有信来，报告你们二月中会面的情形，简直是排日描写，不仅详细，而且事隔五月，字里行间的感情还是那么强烈，看了真感动。世界上这样真诚，感情这样深的人是不多的！

巴尔扎克的长篇小说《幻灭》（*Lost Illusions*）三部曲，从一九六一年起动手，最近才译完初稿。第一二部已改过，第三部还要改，便是第一二部也得再修饰一遍，预计改完誊清总在明年四五月间。总共五十万字，前前后后要花到我三年半时间。文学研究所有意把《高老头》收入"文学名著丛书"，要重排一遍，所以这几天我又在从头至尾修改，也得花一二十天。翻译工作要做得好，必须一改再改三改四改。《高老头》还是在抗战期译的，一九五二年已重译一过，这次是第三次大修改了。此外也得写一篇序。第二次战后，法国学术界对巴尔扎克的研究大有发展，那种热情和渊博（erudition）令人钦佩不置。

所以上次信中问你手头宽不宽，能否寄十五六镑去巴黎，代我买一些关于巴尔扎克的参考资料。等你来信，我当将书单径寄巴黎大学Etiemble［埃蒂昂勃勒］先生：（你们已在伦敦见过面），托他代办，将来书款也由你寄给他。

敏在家住了一月，又已回京。他教书颇有兴趣，也很热心负责，拼命在课外找补充材料。校长很重视他，学生也喜欢他，虽然辛苦些（晚上总得十一点上床，早上五六点就要起来），只要能踏踏实实为人民做点工作，总是值得的。能遇到一个识好歹的领导也是大大的幸运。小蓉睡眠已正常，头痛亦用金针治愈，妇女病更是最早治好的，惟健康状况尚未稳定，故再休学半年，等寒假后再去。

我暑中身体还好，过敏性鼻炎仍未好，剧烈头痛只发过两次。到此年纪，病总是免不了的。只要不太妨碍工作，我也不把病痛放在心上。只有工作才快乐，大概我们一家都是这个脾气。妈妈也很健康，就是常常有些脸肿脚肿，多半是心脏关系。

九月下旬去北欧哪几国？十月后的节目望弥拉来一张表。如今你不寄节目单回家，更急于知道你弹什么。《音乐与音乐家》月刊今年一份都没有，能否寄一全套来？

苏联领导人投降屈服，愈来愈不像话了，连资本主义各国的报纸评论也看不上眼，想你也极为愤慨。（……）其实苏联这样下去，势必一天一天孤立，而东欧各国的形势也岌岌可危。从人类总的前途来说，到底不是可乐观的。虽则我整天埋头书桌，天下兴亡，匹夫有责的意识还是很强，不免常常为世界大局操心！不多写了，一切珍重！

爸爸　六三年九月一日

## 十一月三日 ［译自英文］

亲爱的孩子：

聪上次的巡回演奏使他在音乐事业中向前迈了一大步，你一定跟我们一样高兴。并非每一个音乐家，甚至杰出的音乐家，都能进入这样一个理想的精神境界，这样浑然忘我，感到与现实世界既遥远又接近。这不仅要靠高尚的品格，对艺术的热爱，对人类的无限同情，也有赖于艺术家的个性与气质，这种"心灵的境界"绝不神秘，再没有什么比西方的神秘主义与中国的心理状态更格格不入了（我说中国是指中国的优秀分子）。这无非是一种启蒙人文思想的升华，我很高兴聪在道德演变的过程中从未停止进步。人在某一段时间内滞留不进，就表示活力已经耗尽，而假如人自溺于此，那么他的艺术生命也就日暮途穷了。

另一个好消息是现在聪演奏起来身体不摇摆了！这不仅是一个演奏家应有的良好风度，也表示一个人对艺术的态度截然不同了，十年前我就想纠正他身体的摆动，此后又在信中再三提醒他，但是要他在音乐方面更加成熟、更加稳定以求身体的平稳，是需要时间的。你看，我忍不住要跟你讨论这些事，因为你深知其重要，而且这种快乐也应该是阖家分享的。

# 一九六四年

## 四月二十四日

亲爱的孩子:

　　昨天才寄出一封长信,今日即收到四月十四日信,却未提及我四月十二日由你岳家转的信,不知曾否收到,挂念得很!

　　孤独的感觉,彼此差不多,只是程度不同,次数多少有异而已。我们并未离乡背井,生活也稳定,比绝大多数人都过得好;无奈人总是思想太多,不免常受空虚感的侵袭。惟一的安慰是骨肉之间推心置腹,所以不论你来信多么稀少,我总尽量多给你写信,但愿能消解一些你的苦闷与寂寞。只是心愿是一件事,写信的心情是另一件事:往往极想提笔而精神不平静,提不起笔来;或是勉强写了,写得十分枯燥,好像说话的声音口吻僵得很,自己听了也不痛快。

　　一方面狂热、执著,一方面洒脱、旷达、怀疑,甚至于消极:这个性格大概是我遗传给你的。妈妈没有这种矛盾,她从来不这么极端。弥拉常说你跟我真像,可见你在她面前提到我的次数不可胜计,所以她虽未见过我一面,也像多年相识一样。

　　你们夫妇关系,我们从来不真正担心过。你的精神波动,我们知之有素,千句并一句,只要基本信心不动摇,任何小争执大争执都会跟着时间淡忘的。我三月二日(No.59)信中的结论就是这话。人生的每个阶段都是一边学一边过的,从来没有一个人具备了所有的（理论上的）条件才结婚，才生儿育女的。你为了孩子而惶惶然，表示你对人生态度严肃，却也不必想得太多。一点不想是不负责任，当然不好；想得过分也徒然自苦，问题是彻底考虑一番，下决心把每个阶段的事情做好，想好办法实行就是了。

人不知而不愠是人生最高修养，自非一时所能达到。对批评家的话我过去并非不加保留，只是增加了我的警惕。即是人言藉藉，自当格外反躬自省，多征求真正内行而善意的师友的意见。你的自我批评精神，我完全信得过；可是艺术家有时会钻牛角尖而自以为走的是独创而正确的路。要避免这一点，需要经常保持冷静和客观的态度。所谓艺术上的 illusion [幻觉]，有时会蒙蔽一个人到几年之久的。至于批评界的黑幕，我近三年译巴尔扎克的《幻灭》，得到不少知识。一世纪前尚且如此，何况今日！二月号《音乐与音乐家》杂志上有一篇 Karayan [卡拉扬] 的访问记，说他对于批评只认为是某先生的意见，如此而已。他对所钦佩的学者，则自会倾听，或者竟自动去请教。这个态度大致与你相仿。

美国唱片公司，最好请弥拉去信催一催，只要你把公司地址及经理姓名告诉她就行。不催的话，也许要等上一年半载，或竟始终不办。

国外灌唱片到底如何计算报酬？一次付的还是照发行数抽版税的？这也是一种知识，我极想知道！

认真的人很少会满意自己的成绩，我的主要苦闷即在于此。所不同的，你是天天在变，能变出新体会、新境界、新表演，我则是眼光不断提高而能力始终停滞在老地方。每次听你的唱片总心上想：不知他现在弹这个曲子又是怎么一个样子了。

你老是怕对父母不尽心，我老是怕成为你的包袱，尤其从六一年以后，愈了解艺术劳动艰苦，愈不忍多花你的钱。说来说去，是大家顾着大家。抽烟是小事，非生活必需，昨信已详告，兹不再赘——倒是唱片要你多抓紧些！妈妈问你：冬天在家可要薄丝绵袄，穿着弹琴舒服些？我们可做了寄你。你家中取暖设备行不行？冬季室内有多少温度？我们毫无所知。

旧金山评论中说你的萧邦太extrovert［外在，外向］，李先生说奇怪，你的演奏正是intovert［内在，内向］一路，怎么批评家会如此说。我说大概他们听惯老一派的Chopin［萧邦］，软绵绵的，听到不sentimental［伤感］的Chopin［萧邦］就以为不够内在了，你觉得我猜得对不对？

顾圣婴今年参加比国伊利莎白皇后钢琴比赛，若有花花絮絮，望来信一提。国内不会报道的。

既是五月七日动身，此信还想赶得及。以后便怕有长时期没法和你通讯了。

一切保重！

爸爸　六四年四月二十四日

## 十月三十一日

亲爱的孩子：

几次三番动笔写你的信都没有写成，而几个月的保持沉默也使我魂不守舍，坐立不安。①我们从八月到今的心境简直无法形容。你的处境，你的为难（我猜想你采取行动之前，并没和国际公法或私法的专家商量过。其实那是必要的），你的迫不得已的苦衷，我们都深深的体会到，怎么能责怪你呢？可是再彻底的谅解也减除不了我

---

① 五月间傅聪为了在世界各地演出的生计，无奈入了英国籍，傅雷知道后，整天闷闷不乐，民族自尊心受了伤害，难以平复沉重的心情。

们沉重的心情。民族自尊心受了伤害,非短时期内所能平复;因为这不是一个"小我"的、个人的荣辱得失问题。便是万事随和处处乐观的你的妈妈,也耿耿于怀,伤感不能自已。不经过这次考验,我也不知道自己在这方面的感觉有这样强。一九五九年你最初两信中说的话,以及你对记者发表的话,自然而然的,不断的回到我们脑子里来,你想,这是多大的刺激!我们知道一切官方的文件只是一种形式,任何法律手续约束不了一个人的心——在这一点上我们始终相信你;我们也知道,文件可以单方面的取消,只是这样的一天遥远得望不见罢了。何况理性是理性,感情是感情,理性悟透的事情,不一定能叫感情接受。不知你是否理解我们几个月沉默的原因,能否想象我们这一回痛苦的深度?不论工作的时候或是休息的时候,精神上老罩着一道阴影,心坎里老压着一块石头,左一个譬解,右一个譬解,总是丢不下,放不开。我们比什么时候都更想念你,可是我和妈妈都不敢谈到你:大家都怕碰到双方的伤口,从而加剧自己的伤口。我还暗暗的提心吊胆,深怕国外的报纸、评论,以及今后的唱片说明提到你这件事。……孩子出生的电报来了,我们的心情更复杂了。这样一件喜事发生在这么一个时期,我们的感觉竟说不出是什么滋味,百感交集,乱糟糟的一团,叫我们说什么好呢?怎么表示呢?所有这一切,你岳父都不能理解。他有他的民族性,他有他民族的悲剧式的命运(这个命运,他们两千年来已经习为故常,不以为悲剧了),看法当然和我们不一样。然而我决不承认我们的看法是民族自大,是顽固,他的一套是开明、是正确。他把国籍看做一个侨民对东道国应有的感激的表示,这是我绝对不同意的!至于说弥拉万一来到中国,也必须入中国籍,所以你的行动可以说是有往有来等等,那完全是他毫不了解中国国情所作的猜测。我们的国家从来没有一条法律,要外国人入了中国籍才能久居!接到你岳父那样的信以后，我并不作复，为的是不愿和他争辩；可是我和他的意见分歧点应当让你知道。

孩子不足两个月，长得如此老成，足见弥拉成绩不错。大概她全部精力花在孩子身上了吧？家里是否有女工帮忙，减少一部分弥拉的劳累？做父母是人生第二大关，你们俩的性情脾气，连人生观等等恐怕都会受到影响。但愿责任加重以后，你们支配经济会更合理，更想到将来（谁敢担保你们会有几个儿女呢？），更能克制一些随心所欲的冲动，减少一些不必要的开支。孩子初生（一星期）的模样的确像襁褓中的你。后来几次的相片，尤其七星期的一张，眼睛与鼻梁距离较大，明明有了外家的影子——弥拉也更像她父亲了。不过婴儿的变化将来还多着呢。

国内阶级斗争形势尖锐，我们要防止以后几代走修正主义的路。干部、学生、知识分子，分批下乡下厂，为期一年至两年，用劳动锻炼来巩固永久革命的意志。许多考不上大学的青年还在农村落户。电影、戏剧、史学、哲学方面有些错误的有毒的作品和理论，陆续受到严正的批判。目前文艺界、音乐家都以本国的、现代的为主；过去不重视为工农兵服务的方向必须纠正过来。介绍外国文学当然更要着重批判，不能单单因为是古典名著，就无原则的照搬，对青年发生坏影响。因此我的工作也得重新考虑。巴尔扎克和别的古典作家一样，他的作品跟我们眼前的情况和要求相距太远了，考虑了好几个月，挑不出合适的东西可译。至于批判，既要对原作有相当深刻的认识和研究，又要相当的马列主义修养，两相结合，才能写出一篇不犯大错的译序：真是谈何容易！工作不定局，一颗心老挂在空中，不知怎么办。当然，研究巴尔扎克的工作大有可为，一辈子也做不完，无奈光是研究，等于坐吃，岂是长久之计。——形势如此，这方面的烦恼看来一时难望解决。

敏教书教得不坏，很会钻研，学生对他很好。下乡劳动也顶得住，身体够得上；只是前几年害上的关节炎常常要发作，久坐久立就腰酸背痛，直不起来。

九月下旬，弥拉信中说你出门五星期，不知去了哪些地方？在欧洲巡回怎么会如此之久？共有几场演出？弹了哪些新作品？自从你南美回来以后，我们就没有你的演出日程表，可否叫弥拉抄一份来（从七月起）？一年来艺术上、技术上有无新成就？巴赫练得怎样了？

《音乐与音乐家》杂志通知说十月份满期，是否值得续订，你斟酌吧。但决定后千万告知！我希望有一份世界范围的报道刊物，过去《音乐与音乐家》杂志接触面太狭窄（比前几年狭窄得多），他们说十月份起要增加篇幅，不知内容如何。

等你的唱片等了一年多没消息，真丧气！不管你自己如何不满，听你的唱片还是我们最大的享受和安慰。除了唱片还有什么方法听到你的演奏呢？可恨要得到你的唱片这样不容易！若你有办法自寄必须包装妥当，双份，用航空寄。

最后再嘱咐你一句：你一切行动都有深远的反响波及我们；以后遇到重大的事，务必三思而行，最好先同有经验的前辈（尤其懂得法律的专家，他们头脑冷静，非艺术家可比！）多多商量！一切保重！

爸爸　六四年十月三十一日

# 一九六五年

## 一月二十八日

亲爱的孩子:

　　将近六个月没有你的消息,我甚至要怀疑十月三十一日发的信你是否收到。上月二十日左右,几乎想打电报:如今跟以往更是不同,除了你们两人以外,又多了一个娃娃增加我们的忧虑。大人怎么样呢?孩子怎么样呢?是不是有谁闹病了?……毕竟你妈妈会体贴,说你长期的沉默恐怕不仅为了忙,主要还是心绪。对啦,她一定猜准了。你生活方面思想方面的烦恼,虽然我们不知道具体内容,总还想象得出一个大概。总而言之,以你的气质,任何环境都不会使你快乐的。你自己也知道。既然如此,还不如对人生多放弃一些理想:理想只能在你的艺术领域中去追求,那当然也永远追求不到,至少能逐渐接近,并且学术方面的苦闷也不致损害我们的心理健康。即使在排遣不开的时候,也希望你的心绪不要太影响家庭生活。归根到底,你现在不是单身汉,而是负着三口之家的责任。用老话来说,你和弥拉要相依为命。外面的不如意事固然无法避免,家庭的小风波总还可以由自己掌握。客观的困难已经够多了,何必再加上主观的困难呢?当然这需要双方共同的努力,但自己总该竭尽所能的做去。处处克制些,冷静些,多些宽恕,少些苛求,多想自己的缺点,多想别人的长处。生活——尤其夫妇生活——之难,在于同弹琴一样，要时时刻刻警惕，才能不出乱子，或少出乱子。总要存着风雨同舟的思想，求一个和睦相处相忍相让的局面，挨过人生这个艰难困苦的关。这是我们做父母的愿望。能同艺术家做伴而日子过得和平顺适的女子，古往今来都寥寥无几。千句并一句，尽量缩小一个我字，也许是解除烦闷、减少纠纷的惟一的秘诀。久久得不到你们俩的信，我们总要担心你们俩的感情，当然也担心你们俩的健康，但对你们的感情更关切，因为你们找不到一个医生来治这种病。而且这是骨肉之间出于本能的忧虑。就算你把恶劣的心情瞒着也没用。我们不但同样焦急，还因为不知底细而胡乱猜测，急这个，急那个，弄得寝食不安。假如以上劝告你认为毫无根据，那更证明长期的沉默，会引起我们焦急到什么程度。你也不能忘记，你爸爸所以在这些事情上经常和你唠叨，因为他是过来人，不愿意上一代犯的错误在下一代身上重演。我和你说这一类的话永远抱着自责的沉痛的心情的！

　　从你南美回来以后，九个多月中的演出，我们一无所知；弥拉提到一言半语又叫我们摸不着头脑。那个时期到目前为止的演出表，可不可以补一份来？（以前已经提过好几回了！）在你只要花半小时翻翻记事本，抄一抄。这种惠而不费的，一举手之劳的事能给我们多少喜悦，恐怕你还不能完全体会。还有你在艺术上的摸索、进展、困难、心得、自己的感受、经验、外界的反应，我们都想知道而近来知道得太少了。——萧邦的《练习曲》是否仍排作日课？巴赫练得怎样了？一九六四年练出了哪些新作品？你过的日子变化多，事情多，即或心情不快，单是提供一些艺术方面的流水账，也不愁没有写信的材料；不比我的工作和生活，三百六十五天如一日，同十年以前谈不上有何分别。

　　说到我断断续续的小毛病，不必絮烦，只要不躺在床上打断工作，就很高兴了。睡眠老是很坏，脑子停不下来，说不上是神经衰弱还是什么。幸而妈妈身体健旺，样样都能照顾。我脑子一年不如一年，不用说每天七八百字的译文苦不堪言，要换二三道稿子，便是给你写信也非常吃力。只怕身体再坏下去，变为真正的老弱残兵。眼前还是能整天整年——除了闹病——的干，除了翻书，同时也做些研究工作，多亏巴黎不断有材料寄来。最苦的是我不会休息，睡时脑子停不下来，醒时更停不住了。失眠的主要的原因大概就在于此。

你公寓的室内的照片盼望了四年，终于弥拉寄来了几张，高兴得很。孩子的照片，妈妈不知翻来覆去，拿出拿进，看过多少遍了。她母性之强，你是知道的。伦敦必有中文录音带出售，不妨买来让孩子在摇篮里就开始听起来。(Etiemble ［埃蒂昂勃勒］告诉我：录音带有两种，一是耶鲁大学的，一是哈佛的，哈佛的好像是赵元任灌的。巴黎既有发售，伦敦一定也找得到。我十月底曾告诉弥拉。)

你岳父来信，说一月份同你在德国合作演出。此刻想早已过去了；他说秋天还要和你在美国一同表演，不知在哪一个月？

你的唱片始终没消息，我们不敢希望还有收到的一天了！

不写了，望多多保重，快快来信！

爸爸　一九六五年一月二十八日

## 二月二十日

亲爱的孩子：

半年来你惟一的一封信不知给我们多少快慰。看了日程表，照例跟着你天南地北的神游了一趟，做了半天白日梦。人就有这点儿奇妙，足不出户，身不离斗室，照样能把万里外的世界、各地的风光、听众的反应、游子的情怀，一样一样的体验过来。你说在南美仿佛回到了波兰和苏联，单凭这句话，我就咂摸到你当时的喜悦和激动；拉丁民族和斯拉夫民族的热情奔放的表现也历历如在目前。

照片则是给我们另一种兴奋，虎着脸的神气最像你。大概照相机离得太近了，孩子看见那怪东西对准着他，不免有些惊恐，有些提防。可惜带笑的两张都模糊了（神态也最不像你），下回拍动作，光圈要放大到F.2或F.3.5，时间用1/100或1/150秒。若用闪光（即flash）则用F.11，时间1/100或1/150秒。望着你弹琴的一张最好玩，最美；应当把你们俩作为特写放大，左手的空白完全不要；放大要五或六英寸才看得清，因原片实在太小了。另外一张不知坐的是椅子是车子？地下一张装中国画（谁的？）的玻璃框，我们猜来猜去猜不出是怎么回事，望说明！

你父性特别强是像你妈，不过还是得节制些，第一勿妨碍你的日常工作，第二勿宠坏了凌霄——小孩儿经常有人跟他玩，成了习惯，就非时时刻刻抓住你不可，不但苦了弥拉，而且对孩子也不好。耐得住寂寞是人生一大武器，而耐寂寞也要自幼训练的！疼孩子固然要紧，养成纪律同样要紧；几个月大的时候不注意，到两三岁时再收紧，大人小儿都要痛苦的。

你的心绪我完全能体会。你说的不错，知子莫若父，因为父母子女的性情脾气总很相像，我不是常说你是我的一面镜子吗？且不说你我的感觉一样敏锐，便是变化无常的情绪，忽而高潮忽而低潮，忽而兴奋若狂，忽而消沉丧气等等的艺术家气质，你我也相差无几。不幸这些遗传（或者说后天的感染）对你的实际生活弊多利少。凡是有利于艺术的，往往不利于生活；因为艺术家两脚踏在地下，头脑却在天上，这种姿态当然不适应现实的世界。我们常常觉得弥拉总算不容易了，你切勿用你妈的性情脾气去衡量弥拉。你得随时提醒自己，你的苦闷没有理由发泄在第三者身上。况且她的童年也并不幸福，你们俩正该同病相怜才对。我一辈子没有做到克己的功夫，你要能比我成绩强，收效早，那我和妈妈不知要多么快活呢！

要说 exile［放逐］，从古到今多少大人物都受过这苦难，但丁便是其中的一个；我辈区区小子又何足道哉！据说《神曲》是受了 exile［放逐］的感应和刺激而写的，我们倒是应当以此为榜样，把 exile［放逐］的痛苦升华到艺术中去。以上的话，我知道不可能消除你的悲伤愁苦，但至少能供给你一些解脱的理由，使你在愤懑郁闷中有以自拔。做一个艺术家，要不带点儿宗教家的心肠，会变成追求纯技术或纯粹抽象观念的 virtuoso［演奏能手］，或者像所谓抽象主义者一类的狂人；要不带点儿哲学家的看法，又会自苦苦人（苦了你身边的伴侣），永远不能超脱。最后还有一个实际的论点：以你对音乐的热爱和理解，也许不能不在你厌恶的社会中挣扎下去。你自己说到处都是 outcast［逐客］，不就是这个意思吗？艺术也是一个 tyrant［暴君］，因为做他奴隶的都心甘情愿，所以这个 tyrant［暴君］尤其可怕。你既然认了艺术做主子，一切的辛酸苦楚便是你向他的纳贡，你信了他的宗教，怎么能不把少牢太牢去做牺牲呢？每一行有每一行的 humiliation［屈辱］和 misery［辛酸］，能够 resign［心平气和，隐忍］就是少痛苦的不二法门。你可曾想过，萧邦为什么后半世自愿流亡异国呢？他的 Op.25［作品第二十五号］以后的作品付的是什么代价呢？

去年春天你答应在八月中把你的演出日程替我校正一遍。今年三月你只有从二十日至三十日两个音乐会，大概可以空闲些，故特寄上六一年七月至六四年七月止的日程表，望在三月上半月细细改正后寄回。头三页，六二年曾寄给你，你丢失了。以后几张都是按照弥拉每季事先寄的日程表编的，与实际演出必有参差。所有的地名（尤其小国的，南非南美北欧的）望一一改正拼法。此事已搁置多年，勿再延误为要！

你久已不在伦敦单独演出了，本月二十一日的音乐会是 recital［独奏会］，节目单可否寄一份来？卖座情形亦极想知道。

我一直关心你的 repertoire［演出曲目］，近二三年可有新曲子加进去？上次问你巴赫和萧邦 *Etudes*［《练习曲》］是否继续练，你没有答复我。

你的中文还是比英文强，别灰心，多写信，多看中文书，就不会失去用中文思考的习惯。你的英文基础不够，看书太少，句型未免单调。

——溥仪的书①看了没有？

此信望将大意译给弥拉听，没空再给她另写了。诸事珍重，为国自爱！

爸爸　一九六五年二月二十日

任何艺术品都有一部分含蓄的东西，在文学上叫做言有尽而意无穷，西方人所谓 between lines［弦外之音］。作者不可能把心中的感受写尽，他给人的启示往往有些还出乎他自己的意想之外。绘画、雕塑、戏剧等等，都有此潜在的境界。不过音乐所表现的最是飘忽，最是空灵，最难捉摸，最难肯定，弦外之音似乎比别的艺术更丰富，更神秘，因此一般人也就懒于探索，甚至根本感觉不到有什么弦外之音。其实真正的演奏家应当努力去体会这个潜在的境界（即淮南子所谓"听无音之音者聪"，无音之音不是指这个潜藏的意境又是指什么呢？）而把它表现出来，虽然他的体会不一定都正确。能否体会与民族性无关。从哪一角度去体会，能体会作品中哪一些

---

① 系指《我的前半生》。

隐藏的东西，则多半取决于各个民族的性格及其文化传统。甲民族所体会的和乙民族所体会的，既有正确不正确的分别，也有种类的不同，程度深浅的不同。我猜想你和岳父的默契在于彼此都是东方人，感受事物的方式不无共同之处，看待事物的角度也往往相似。你和董氏兄弟初次合作就觉得心心相印，也是这个缘故。大家都是中国人，感情方面的共同点自然更多了。

## 五月二十七日

亲爱的孩子：

　　会期定在四日，一切都明白了。因十二日萧伯母来信说是五日，故而张惶。两场中间只有一小时休息，还要吃晚饭，紧张可知；不过你在台上跟在家练琴心情差不多，除了因为能与观众交流而高兴以外，并无分别，想到这一点，也不替你急了，何况急也没用。

　　新西兰来信今日中午收到。早上先接林医生电话，他们也收到林伯母哥哥的信，报告你的情形，据说信中表示兴奋得了不得，还附有照片。国外侨胞的热爱祖国，真是叫人无话可说。

　　刘抗伯伯的舅子（不是cousin）叫陈人浩，你未出生之前（约一九三三年），曾借住我家三楼，还是在万宜坊；他也是留法学画的，与我同时。

　　你谈到中国民族能"化"的特点，以及其他关于艺术方面的感想，我都彻底明白，那也是我的想法。多少年来常对妈妈说：越研究西方文化，越感到中国文化之美，而且更适合我的个性。我最早爱上中国画，也是在二十一二岁在巴黎罗浮宫钻研西洋画的时候开始的。这些问题以后再和你长谈。妙的是你每次这一类的议论都和我的不谋而合，信中有些话就像是我写的。不知是你从小受的影响太深了呢,还是你我二人中国人的根一样深?大概这个根是主要原因。

　　一个艺术家只有永远保持心胸的开朗和感觉的新鲜,才永远有新鲜的内容表白,才永远不会对自己的艺术厌倦,甚至像有些人那样觉得是做苦工。你能做到这一步——老是有无穷无尽的话从心坎里涌出来,我真是说不出的高兴,也替你欣幸不置!

　　　　　　　　　　　　爸爸　六五年五月二十七日

## 六月十四日

亲爱的孩子:

　　这一回一天两场的演出,我很替你担心,好姆妈说你事后喊手筋痛,不知是否马上就过去?到伦敦后在巴斯登台是否跟平时一样?那么重的节目,舒曼的 *Toccata* [《托卡塔》]和 *Kreisleriana* [《克莱斯勒偶记》]都相当别扭,最容易使手指疲劳;每次听见国内弹琴的人坏了手,都暗暗为你发愁。当然主要是方法问题,但过度疲劳也有关系,望千万注意!你从新西兰最后阶段起,前后紧张了一星期,回家后可曾完全松下来,恢复正常?可惜你的神经质也太像我们了!看书兴奋了睡不好,听音乐兴奋了睡不好,想着一星半点的事也睡不着……简直跟你爸爸妈妈一模一样!但愿你每年暑期都能彻底 relax [放松,休憩],下月去德国就希望能好好休息。年轻力壮的时候不要太逞强,过了四十五岁样样要走下坡路:最要紧及早留些余地,精力、体力、感情,要想法做到细水长流!孩子,千万记住这话:你干的这一行最伤人,做父母的时时刻刻挂念你的健康——不仅眼前的健康,而且是十年二十年后的健康!你在立身处世方面能够洁身自爱,我们完全放心;在节约精力、护养神经方面也要能自爱才好！

你此次两过香港，想必对于我一九六一年春天竭力劝你取消在港的约会的理由，了解得更清楚了，沈先生也来了信，有些情形和我预料的差不多。幸亏他和好姆妈事事谨慎，处处小心，总算平安度过，总的客观反应，目前还不得而知。明年的事第一要看东南亚大局，如越南战事扩大，一切都谈不到。目前对此不能多存奢望。你岳丈想来也会周密考虑的。

此外，你这一回最大的收获恐怕还是在感情方面，和我们三次通话，美中不足的是五月四日、六月五日早上两次电话中你没有叫我，大概你太紧张，当然不是争规矩，而是少听见一声"爸爸"好像大有损失。妈妈听你每次叫她，才高兴呢！好姆妈和好好爹爹那份慈母般的爱护与深情，多少消解了你思乡怀国的饥渴。昨天同时收到他们俩的长信，妈妈一面念信一面止不住流泪。这样的热情、激动，真是人生最宝贵的东西。我们有这样的朋友（李先生六月四日从下午六时起到晚上九时，心里就想着你的演出。上月二十三日就得到朋友报告，知道你大概的节目），你有这样的亲长（十多年来天舅舅一直关心你，好姆妈五月底以前的几封信，他都看了，看得眼睛也湿了，你知道天舅舅从不大流露感情的），把你当做自己的孩子一般，也够幸福了。他们把你四十多小时的生活行动描写得详详细细，自从你一九五三年离家以后，你的实际生活我们从来没有知道得这么多的。他们的信，二十四小时内，我们已看了四遍，每看一遍都好像和你团聚一回。可是孩子，你回英后可曾去信向他们道谢？当然他们会原谅你忙乱，也不计较礼数，只是你不能不表示你的心意。信短一些不要紧，却绝对不能杳无消息。人家给了你那么多，怎么能不回报一星半点呢？何况你只消抽出半小时的时间写几行字，人家就够快慰了！刘抗和陈人浩伯伯处唱片一定要送，张数不拘，也是心意为重。此事本月底以前一定要办，否则一出门，一拖就是几个月。

弥拉一定早已看完你新西兰各地的评论，我们等着看呢！她最近一次寄照片来（十一日到），航空信封已经破烂，由此地邮局重封的。告诉她以后寄照片改用厚实的信封！

前天收到 Record and Recording [《录音和唱片》]，对你的 Handel-Bach [韩德尔－巴赫] 的评论，发现是HMV转印威斯特敏斯特的！不知以后是否你的片子在英国都归HMV出版？那就太好了。以唱片的质地论，还是HMV-COL.－DEECA几家最好，底盘可说根本没有声音，而且经用。可能的话，望将HMV版子的巴赫、韩德尔另外寄一张来！刘抗伯伯处也可送一张HMV的，再加上其他的（由你决定）。

信中有问你的话，务望回答。最好出门时把我们最近的一封信随身带着，写信时再看一遍，就可以有问必答了。你知道我的脾气，有问不答是很苦闷的。

好姆妈提醒我，要你保"手"险及乘坐飞机的险，前者你前几年已办了，目前是否仍继续？后者有没有保险？四月十七日一信（六十七）到英时，你已经出门了，望再看一遍，其中有关唱盘及pick-up [拾音器] 的说明。

你新西兰信中提到horizontal [横（水平式）的] 与vertical [纵（垂直式）的] 两个字，不知是不是近来西方知识界流行的用语？还是你自己创造的？据我的理解，你说的水平的（或平面的，水平式的），是指从平等地位出发，不像垂直的是自上而下的；换言之，"水平的"是取的渗透的方式，不知不觉流入人的心坎里；垂直的是带强制性质的灌输方式，硬要人家接受。以客观的效果来说，前者是潜移默化，后者是被动的（或是被迫的）接受。不知我这个解释对不对？一个民族的文化假如取的渗透方式，它的力量就大而持久。个人对待新事物或外来的文化艺术采取"化"的态度，才可以达到融会贯通、彼为我用的境界，而不至于生搬硬套，削足适履。受也罢，与也罢，从"化"字出发（我消化人家的，让人家消化我的），方始有真正的新文化。"化"不是没有斗争，不过并非表面化的短时期的猛烈的斗争，而是潜在的长期的比较缓和的斗争。谁能说"化"不包括"批判的接受"呢？

从你演奏节目中知道你的 repertoire［演出曲目］加了些舒曼的东西，但两三年来你新练出来的东西决不止这些，我老是想知道而始终没和我细细说过：电话中又不便长篇大论的问你，但愿你不久能满足我这个愿望。

巴赫到底研究得怎样了？这样一个作曲家，自非一两年所能钻透，你也曾说要花上五年功夫；问题只是近一两年中你可有相当时间花在这个作曲家身上？

还有，你一九六三年十月二十三来信提到你在北欧和维也纳演出时，你的 playing［演奏］与理解又迈了一大步；从那时到现在，是否那一大步更巩固了？有没有新的进展、新的发现？不消说，进展必然有，我要知道的是比较重要而具体的进展！身子是否仍能不摇摆（或者极少摇摆）？

一九六三年十二月二十一日来信说在"重练莫扎特的 *Rondo in a min.*［《a 小调回旋曲》］，K.511［作品五一一号］和 *Adagio in b min.*［《b 小调柔板》］"，认为是莫扎特钢琴独奏曲中最好的作品。记得一九五三年以前你在家时，我曾告诉你，罗曼·罗兰最推重这两个曲子。现在你一定练出来了吧？有没有拿去上过台？还有舒伯特的 *Landler*［《兰德莱尔》］是否只宜于做 encore piece［加奏乐曲］？我简直毫无观念。莫扎特以上两支曲子，几时要能灌成唱片才好！否则我恐怕一辈子听不到的了。

假如有别人弹得好的（指这两个作品），希望能给我一张唱片。

以后灌唱片，倘与乐队合作，指挥的人事先应慎重考虑，不要无条件接受唱片公司的人选：对唱片商来说，指挥与独奏的人合作不好也影响出品，影响营业——拿这个理由去说给他们听，他们大概也会仔细考虑的。只要在 Elmans［埃尔门斯］有空，真盼望和我谈谈这封信上所提的问题。话永远说不完，暂且带住，一切保重！

手是否正常，务必来信告知！有事托弥拉代办，不和你提了。

爸爸　六五年六月十四日

烟酒两项望尽量节制，想你也不会过分的，两样对心脏都不好。

以后音乐会期，能排得不要太密最好，万一不能避免，则两三个紧接的演出以后，应隔三五天再排以下的节目。

## 六月十四日［译自法文］

亲爱的孩子：

根据中国的习惯，孩子的命名常常都有一套方式，我们一经选择两个字作为孩子的名字后，例如"凌霄"（"聪"是单名），就得保留其中一个字，时常是一个动词或形容词，作为下一个孩子的名字的一部分。譬如说，我们给凌霄命名时已经决定他的弟弟叫凌云，假如是个妹妹，则叫"凌波"，凌波的意思是"凌于水上"，在中国的神话之中，也有一个出于水中的仙子，正如希腊神话中的"爱神"或罗马神话中的"维纳斯"一般，你一定知道 Botticelli［波提切利］的名画《维纳斯的诞生》，是吗？可是并没有严格规定，两个字中的哪一个要保留下来作为家中其他孩子的名字，我们可以用第一字，也可以用第二个字，然而，我们既已为我们的孙儿、孙女选定"凌"

字命名（敏将来的孩子也会用"凌"字排，凌什么，凌什么，你明白吗）。那么"凌霄"的小名用"霄"字就比用"凌"字更合乎逻辑。假如你将来生个女孩子，就用"波"作为小名，"凌"是兄弟姐妹共用的名字。就这样，我们很容易分辨两个用同一个字作为名字的人，是否是出自同一个家庭。你会说这一切都太复杂了。这倒是真的，但是怎么说呢？每个民族都有自己的习俗，对别的民族来说，或多或少都是很玄妙的，你也许会问我取单名的孩子如聪、敏，我们又怎么办？哎！这两个字是同义词，但两者之间，有很明显的区别。"聪"的意思是"听觉灵敏"、"高度智慧"，敏的意思是"分辨力强"、"灵活"，两个字放在一起"聪敏"，就是常见的词，用以说智慧、灵敏，即"clever"的意思，我希望，好孩子，念了这一段，你不会把我当做个老冬烘才好！

聪一定跟你提起过，他在一个月之内跟我们通过三次电话，是多么高兴的事，每次我们都谈二十分钟！你可以想象得到妈妈听到聪的声音时，是怎样强忍住眼泪的。你现在自己当妈妈了，一定更可以体会到做母亲的对流浪在外已经八年的孩子的爱，是多么深切！聪一定也告诉你，他在香港演奏时，我们的几位老朋友对他照拂得如何无微不至，她们几乎是看着他出世的，聪叫她们两位"好好姆妈"，她们把他当作亲生儿子一般，她们从五月五日起给我们写了这些感情洋溢的信，我们看了不由得热泪盈眶，没有什么比母爱更美更伟大的了，可惜我没有时间把她们的信翻译几段给你看，信中详细描绘了她们做了什么菜给聪吃，又怎么样在演奏会前后悉心的照顾聪。这次演奏会可真叫人气闷。（同一个晚上演奏两场，岂不是疯了？幸亏这种傻事他永远不会再干。没有什么比想起这件事更令我们不快了！）

## 九月十二日〔译自英文〕

亲爱的弥拉：

我在阅读查理·卓别林一本卷帙浩繁的自传，这本书很精彩，不论以美学观点来说或从人生目标来说都内容翔实，发人深省。我跟这位伟大的艺术家，在许多方面都气质相投，他甚至在飞黄腾达、声誉隆盛之后，还感到孤独，我的生活比他平凡得多，也恬静得多（而且也没有得到真正的成功），我也非常孤独，不慕世俗虚荣，包括虚名在内。我的童年很不愉快，生成悲观的性格，虽然从未忍饥挨饿——人真是无可救药，因为人的痛苦从不局限于物质上的匮缺。也许聪在遗传上深受影响，正如受到家庭背景的影响一般。卓别林的书，在我的内心勾起无尽忧思，一个人到了相当年纪，阅读好书之余，对人事自然会兴起万端感慨，你看过这本书吗？假如还没有，我郑重的推荐给你，这本书虽然很叫人伤感，但你看了一定会喜欢的。

# 一九六六年

## 一月四日

聪,亲爱的孩子:

　　为了急于要你知道收到你们俩来信的快乐,也为了要你去瑞典以前看到此信,故赶紧写此短札。昨天中午一连接到你、弥拉和你岳母的信,还有一包照片,好像你们特意约齐有心给我们大大快慰一下似的,更难得的是同一邮班送上门!你的信使我们非常感动,我们有你这样的儿子也不算白活一世,更不算过去的播种白费气力。我们的话,原来你并没当做耳边风,而是在适当的时间都能一一记起,跟你眼前的经验和感想作参证。凌霄一天天长大,你从他身上得到的教育只会一天天加多;人便是这样:活到老,学到老,学到老,学不了!可是你我都不会接下去想:学不了,不学了!相反,我们都是天生的求知欲强于一切。即如种月季,我也决不甘心以玩好为限,而是当做一门科学来研究;养病期间就做这方面的考据。

　　提到莫扎特,不禁想起你在李阿姨(蕙芳)处学到最后阶段时弹的 *Romance* [《浪漫曲》]和 *Fantasy* [《幻想曲》],谱子是我抄的,用中国式装裱;后来弹给百器听(第一次去见他),他说这是 artist [音乐家]弹的,不是小学生弹的。这些事,这些话,在我还恍如昨日,大概你也记得很清楚,是不是?

　　关于柏辽兹和李斯特,很有感想,只是今天眼睛脑子都已不大行,不写了。我每次听柏辽兹,总感到他比德彪西更男性、更雄强、更健康,应当是创作我们中国音乐的好范本。据罗曼·罗兰的看法,法国史上真正的天才(罗曼·罗兰在此对天才另有一个定义,大约是指天生的像潮水般涌出来的才能,而非后天刻苦用功来的)作曲家只有比才和他两个人。

你每月寄二十五镑,以目前而论还嫌多了些;不过既然常有税款支出,也好借此挹注。但愿此数真的不至于使你为难!我们尽管收了你的钱,心里总是摆脱不开许许多多矛盾。弥拉这回的信,感情特别重,话也说得真体贴,有此好媳妇,我们也是几生修得!希望你也知足,以此自豪,能有这样的配偶也是你的大幸,千万别得福不知。家里有了年轻的保姆,处处更得小心谨慎,别闹误会。

你们俩描写凌霄的行动笑貌,好玩极了。你小时也很少哭,一哭即停,嘴唇抖动末已,已经抑制下来:大概凌霄就像你。你说的对:天真纯洁的儿童反映父母的成分总是优点居多;教育主要在于留神他以后的发展,只要他有我们的缺点露出苗头来,就该想法防止。他躺在你琴底下的情景,真像小克利斯朵夫,你以前曾以克利斯朵夫自居,如今又出了一个小克利斯朵夫了,可是他比你幸运,因为有着一个更开明更慈爱的父亲!(你信上说他completely transferred, dreaming [完全转移了,像做梦似的入神],应该说transported [欣喜若狂];"transferred [转移]"一词只用于物,不用于人。我提醒你,免得平日说话时犯错误。)三月中你将在琴上指挥,我们听了和你一样excited [兴奋]。望事前多作思想准备,万勿紧张!

你未提到罗马,原来日程表上十二月十八日在罗马,二十一日在Bari各有一场,是否临时又取消了?你们此次的信引起我不少感想,可惜目力限制,今天不能多写了!萧伯母地名只知道中文的

(你不妨只写Hong Kong，其余也写中文）：

"九龙太子道333号8楼A座"

好好爹爹：

"九龙侯王庙何家园11号林太太收转成明生"。

下次再谈，一切保重！

爸爸　一九六六年一月四日

## 四月十三日

亲爱的孩子：

　　一百多天不接来信，在你不出远门长期巡回演出的期间，这是很少有的情况。不知今年各处音乐会的成绩如何？李斯特的奏鸣曲练出了没有？三月十八日自己指挥的效果满意不满意？ 一月底曾否特意去美和董氏合作？即使忙得定不下心来，单是报道一下具体事总不至于太费力吧？我们这多少年来和你争的主要是书信问题，我们并不苛求，能经常每隔两个月听到你的消息已经满足了。我总感觉为日无多，别说聚首，便是和你通讯的乐趣，尤其读你来信的快慰，也不知我还能享受多久。十二张唱片，收到将近一月，始终不敢试听。旧唱机唱针粗，唱头重，新近的片子录的纹特别细，只怕一唱即坏。你的唱机公司STUDIO99 ［九十九工作室］前日来信，说因厂家今年根本未交过新货，故迟迟至今。最近可有货到，届时将即寄云云。大概抵沪尚需二三个月以后，待装配停当，必在炎夏矣。目前只能对寄来新片逐一玩赏题目，看说明，空自向往一阵，权当画饼充饥。此次巴黎印象是否略佳，群众反应如何？Etiemble ［埃蒂昂勃勒］先生一周前来信，谓因病未能到场为恨，春假中将去南方养病，我本托其代收巴黎评论，如是恐难如愿。倘你手头有，望寄来,妈妈打字后仍可还你。Salle Gaveau[嘉沃室]我很熟悉,内部装修是否仍然古色古香,到处白底描金的板壁,一派十八世纪风格?用的琴是否Gaveau[嘉沃]本牌?法国的三个牌子Erard、Gaveau、Pleyel[埃哈、嘉沃、波莱叶尔]你都接触过吗?印象怎样?两年多没有音乐杂志看,对国外乐坛动态更生疏了,究竟有什么值得订阅的期刊,不论英法文,望留意。Music & Musicians[《音乐与音乐家》]的确不够精彩,但什么风都吹不到又觉苦闷!

两目白内障依然如故,据说一般进展很慢,也有到了某个阶段就停滞的,也有进展慢得觉察不到的:但愿我能有此幸运。不然的话,几年以后等白内障硬化时动手术,但开刀后的视力万万不能与以前相比,无论看远看近,都要限制在一个严格而极小的范围之内。此外,从一月起又并发慢性结膜炎,医生说经常昏花即由结膜炎分泌物沾染水晶体之故。此病又是牵丝得厉害,有拖到几年之久的。大家劝我养身养心,无奈思想总不能空白,不空白,神经就不能安静,身体也好不起来!一闲下来更是上下古今的乱想,甚至置身于地球以外:不是陀斯妥耶夫斯基式的胡思乱想,而是在无垠的时间与空间中凭一些历史知识发生许多幻想,许多感慨。总而言之是知识分子好高骛远的通病,用现代语说就是犯了客观主义,没有阶级观点……其实这类幻想中间,也搀杂不少人类的原始苦闷,对生老病死以及生命的目的等等的感触与怀疑。我们从五四运动中成长起来的一辈,多少是怀疑主义者,正如文艺复兴时代和十八世纪法国大革命前的人一样,可是怀疑主义又是现社会的思想敌人,怪不得我无论怎样也改造不了多少。假定说中国的读书人自古以来就偏向于生死的慨叹,那又中了士大夫地主阶级的毒素(因为不劳而获才会有此空想的余暇)。说来说去自己的毛病全知道,而永远改不掉,难道真的是所谓"彻底检讨,坚决不改"吗?我想不是的。主要是我们的时间观念，或者说time sense［时间观念］和space sense［空间观念］比别人强，人生一世不过如白驹过隙的话，在我们的确是极真切的感觉，所以把生命看得格外渺小，把有知觉的几十年看做电光一闪似的快而不足道，一切非现实的幻想都是从此来的，你说是不是？明知浮生如寄的念头是违反时代的，无奈越老越是不期然而然的有此想法。当然这类言论我从来不在人前流露，便在阿敏小蓉之前也绝口不提，一则年轻人自有一番志气和热情，我不该加以打击或者泄他们的气；二则任何不合时代的思想绝对不能影响下一代。因为你在国外，而且气质上与我有不少相似之处，故随便谈及。你要没有这一类的思想根源，恐怕对Schubert［舒伯特］某些晚期的作品也不会有那么深的感受。

今年有什么灌唱片的计划？在巴黎可曾遇到我当年认识的人——不论同胞或法国人？万一没有巴黎剪报可寄，至少得告诉我在那儿的节目！

别让我们等你的信再等下去了！孩子！一切保重！

凌霄想又学乖了许多，告诉我们一些小故事，好不好？

爸爸　六六年四月十三日

# 阅读拓展

**作者简介**

傅雷（1908年4月7日—1966年9月3日），字怒安，号怒庵，生于原江苏省南汇县下沙乡（今上海市浦东新区航头镇），中国著名的翻译家、作家、教育家、美术评论家，中国民主促进会（民进）的重要缔造者之一。

早年留学法国巴黎大学。他翻译了大量的法文作品，其中包括巴尔扎克、罗曼·罗兰、伏尔泰等名家的著作。20世纪60年代初，傅雷因在翻译巴尔扎克作品方面的卓越贡献，被法国巴尔扎克研究会吸收为会员。其有两子傅聪、傅敏，傅聪为世界范围内享有盛誉的钢琴家，傅敏为英语教师。

**作者评价**

傅雷的艺术造诣是极为深厚的，对古今中外的文学、绘画、音乐各个领域都有极渊博的知识。但总是与流俗的气氛格格不入，他无法与人共事，每次都半途而去，不能展其所长。

——翻译家楼适夷

傅雷满头棱角，动不动会触犯人又加脾气急躁，止不住要冲撞人，他知道自己不善在世途上圆转周旋，他可以安身的"洞穴"，只是自己的书斋。

——文学家杨绛

这是一位中国君子教他的儿子如何做一个真正的中国君子。

——作家、社会活动家金庸

傅雷是个有个性、有思想的铁汉子、硬汉子,他把人格看得比什么都重。

——原国家出版局局长石西民

傅雷非常爱这个国家,所以对这个国家的要求也很严格。他爱他自己的文章,爱他所翻译的作家的作品,所以对它们非常认真。

——画家黄苗子

## 作品评价

抛开美学话题、音乐话题和道德话题,我愿意把《傅雷家书》当作家庭伦理的教科书。在梳理父子关系方面,这本书堪称典范。往正面说,我们可以获得方法,往反面说,我们可以获取教益。

——作家毕飞宇

哲学家可以从《傅雷家书》中研究傅雷的思想、哲理、方法;教育家可以从《傅雷家书》中研究教育子女的方式、方法;人才学家可以从《傅雷家书》中探讨人才培养的规律以及家庭对成才的影响;文学家可以从《傅雷家书》中研究散文的笔法;艺术家可以从《傅雷家书》中汲取音乐、美术的营养;历史学家可以从《傅雷家书》中剖析二十世纪五十至六十年代中国知识分子的灵魂;广大读者可以把《傅雷家书》作为一本优秀的青年思想修养读物,一本爱国主义教育的生动教材。

——作家叶永烈

**相关知识**

## 傅雷长子——傅聪

傅聪,1934年3月10日生于上海。《傅雷家书》中的诸多信件就是傅雷为纾解傅聪艺术道路上的心绪问题而写。

1953年,傅聪在第四届世界与友谊联欢节中获钢琴比赛第三名,受邀赴东欧各国演出。1955年,获第五届肖邦国际钢琴大赛第三名以及"玛祖卡"最佳演奏奖。1959年,在伦敦皇家节日大厅,与指挥家朱力尼合作演出。1982年12月,受聘担任中央音乐学院钢琴系兼职教授。1983年,被香港大学授予荣誉博士学位。1985年,担任肖邦国际钢琴大赛评委。

## 《约翰·克利斯朵夫》

《约翰·克利斯朵夫》是法国作家罗曼·罗兰在1912年完成的一部长篇小说。该小说描写了主人公从儿时音乐才能的觉醒、到青年时代对权贵的蔑视与抗争、再到成年后事业上的追求和成功、最后达到精神淡然的崇高境界的过程。通过主人公的一生,反映现实社会、宣扬人道主义精神。1915年,罗曼·罗兰凭借本书获得了诺贝尔文学奖。

**阅读思考**

1. 第一封家书是在什么情况下写的?写这封家书的目的是什么?
2. 俗话说,"多年父子如兄弟"。请结合本书的内容,说说你对父子关系的理解,并把自己的看法与父母分享。
3. 通读《傅雷家书》,哪一封信给你留下的印象最深刻?把这封信分享给你的朋友,并向他们阐述你的推荐理由。